CB021760

TUDO PASSARÁ

ANDRÉ BARCINSKI

Tudo passará
A vida de Nelson Ned,
o Pequeno Gigante da Canção

1ª reimpressão

COMPANHIA DAS LETRAS

Grafia atualizada segundo o Acordo Ortográfico da Língua Portuguesa de 1990, que entrou em vigor no Brasil em 2009.

Capa
Alceu Chiesorin Nunes

Foto de capa
Acervo pessoal de Monalisa Ned

Preparação
Richard Sanches

Assistência de pesquisa
Henrique Crespo
Lucas Vicentin

Checagem
Érico Melo

Índice remissivo
Probo Poletti

Revisão
Angela das Neves
Valquíria Della Pozza

Dados Internacionais de Catalogação na Publicação (CIP)
(Câmara Brasileira do Livro, SP, Brasil)

Barcinski, André
  Tudo passará : A vida de Nelson Ned, o Pequeno Gigante da
Canção / André Barcinski. — 1ª ed. — São Paulo : Companhia das
Letras, 2023.

  Bibliografia.
  ISBN 978-85-359-3519-6

  1. Cantores – Biografia 2. Música – Brasil – História 3. Ned,
Nelson, 1947-2014 I. Título.

23-167063   CDD-782.0092

Índice para catálogo sistemático:
1. Cantores brasileiros : Biografia e obra 782.0092

Eliane de Freitas Leite – Bibliotecária – CRB 8/8415

Todos os direitos desta edição reservados à
EDITORA SCHWARCZ S.A.
Rua Bandeira Paulista, 702, cj. 32
04532-002 — São Paulo — SP
Telefone: (11) 3707-3500
www.companhiadasletras.com.br
www.blogdacompanhia.com.br
facebook.com/companhiadasletras
instagram.com/companhiadasletras
twitter.com/cialetras

Sumário

O Pequeno Gigante da Canção

O ano? 1977, ou 78. O local? Interior da República Dominicana. Ou Panamá? Raymundo Vigna se esforça, puxa pela memória, mas as lembranças se confundem. Não é fácil retroceder quarenta anos e cravar uma entre as centenas de apresentações que fez com Nelson Ned pelos grotões das Américas.

O que Vigna lembra com clareza: ele terminou a passagem de som, conferiu os últimos detalhes da montagem da bateria e foi dar uma volta pelo lugar. O público começava a chegar. Era um povo simples, vestido com sua melhor roupa de festa. Não era todo dia que aquela cidadezinha recebia um astro internacional da música. E, no fim dos anos 1970, Nelson Ned era um dos maiores nomes da canção latino-americana.

Vigna acompanhou de perto a ascensão de Nelson Ned. Eles haviam se conhecido dez anos antes, na Boca do Luxo de São Paulo, em boates como La Licorne, Club de Paris, La Vie en Rose, Michel e La Ronde. Eram dois moleques de dezenove ou vinte anos, tocando boleros para uma plateia de bebuns que ansiava por Don Facundo, o ventríloquo.

Desde então, Nelson Ned ganhou o mundo: recebeu discos de ouro, fez shows lotados no México, na Colômbia, na Venezuela, no Peru, na Argentina, no Equador, na República Dominicana, no Panamá, no Chile, em Portugal, no Haiti. Em Angola, 3 mil pessoas o receberam no aeroporto. Em Miami, 2 mil fãs ficaram de fora do primeiro de 21 concertos no Centro Español. Na Colômbia, chefões dos cartéis de Cali e Medellín o contratavam para shows particulares. Baby Doc, o sanguinário ditador haitiano, chorava ao ouvir Nelson cantar. Só no Carnegie Hall, palco mais prestigioso de Nova York, ele se apresentou quatro vezes — duas no mesmo dia, com ingressos esgotados. E Vigna esteve quase sempre ao seu lado.

Nelson e Vigna formavam uma dupla peculiar: um autoproclamado "baixinho e feio", de 1,12 metro, e um galã de 1,90 metro, cabelo comprido e pinta de rockstar. O baterista sabia que era sortudo: pouco tempo antes, tocava para marinheiros em boates de striptease no cais de Santos. Agora, vivia em cassinos de Las Vegas, Porto Rico e Cidade do México, cercado de mulheres deslumbrantes e hospedado nas melhores suítes dos hotéis mais luxuosos. Conheceu ídolos como Tony Bennett, Tito Puente, Sammy Davis Jr., Julio Iglesias e Michel Legrand. Um show com a diva da salsa, a cubana Celia Cruz, terminou com Celia e Vigna trocando *calientes* juras de amor enquanto o sol nascia numa praia da Flórida.

Mas nem tudo era luxo. Mesmo com toda a fama e a fortuna — Nelson só andava de Mercedes e outros carrões, morava numa imensa casa com piscina em São Paulo e tinha oito empregados —, o cantor não recusava convites para se apresentar em lugares pobres e isolados como aquele onde se encontravam. Para cada noite de gala no Teatro Monumental de Lisboa ou no Shrine Auditorium, em Los Angeles, havia outras tantas em igrejas e clubes sociais de pequenos vilarejos de regiões remotas, só acessíveis em aviões particulares ou depois de um dia inteiro sacudindo num carro por estradas poeirentas.

Naquela tarde, depois da passagem de som, Vigna avistou Nelson saindo do camarim e se dirigindo aos fundos do clube. Duas ambulâncias e dois furgões estavam estacionados atrás do prédio. Nelson entrou pela porta traseira de uma das ambulâncias. Vigna já tinha percebido a presença de ambulâncias nos shows, mas nunca se animou a descobrir por que elas estavam ali. Por alguma razão, sentiu-se compelido a seguir Nelson.

Dentro do veículo, havia um velhinho deitado numa maca. Ele estava nas últimas: magrinho, fraco, de olhos fechados, não conseguia nem falar. Nelson ficou de pé ao lado da maca, pôs a mão no ombro do homem e o cumprimentou em espanhol: "Boa tarde, senhor, como está?". O velhinho abriu os olhos. Nelson disse: "Muito obrigado por vir, estou honrado com sua presença. O senhor quer ouvir uma canção?". O velhinho esboçou um sorriso. Nelson cantou:

> *Yo te di tanto amor por un día*
> *Y después, sin querer, te perdí*
> *No pensé que tu amor dolería*
> *Que también lloraría por ti*
>
> *Más todo pasa, todo pasará*
> *Y nada queda, nada quedará*
> *Solo se encuentra la felicidad*
> *Cuando se brinda el corazón*

Nelson cumpriu o mesmo ritual nas outras ambulâncias e furgões, fazendo pequenos shows privados para fãs enfermos e desenganados. Uma idosa viajara cinco horas para realizar o último desejo de ver "O Pequeno Gigante da Canção". Para aquelas pessoas, Nelson Ned era muito mais que um cantor romântico. Suas músicas falavam de amor, claro, mas sempre do ponto de vista dos excluídos e desprezados. Os títulos das canções eram verdadeiras súplicas: "Eu também sou sentimental", "A pior fase da minha vida", "Quando eu estiver chorando", "Minha vida daria um livro", "Traumas de infância", "Os bairros pobres da cidade", "Não pise em cima de mim", "Faça de conta que você gosta de mim", "Meu jeito de amar", "Domingo à tarde". Havia também um forte componente religioso: Nelson escreveu sobre a fé em canções como "Se eu pudesse conversar com Deus", "A Bíblia", "Deus abençoe as crianças" e "Pecador".

Para quem conheceu a música de Nelson Ned por meio do rádio (e quando ele surgiu, no fim dos anos 1960, a televisão não era a potência que se tornaria depois), era um choque vê-lo na TV ou em shows e descobrir que aquela voz vinha de um corpo tão pequeno. Muitas vezes, ao desembarcar num país pela primeira vez, Nelson percebia que boa parte dos fãs não tinha ideia de sua altura. Isso aconteceu em Angola, Porto Rico e Haiti. Para muitos, ver Nelson Ned cantando pela primeira vez parecia um milagre.

Algumas horas depois, no palco, Vigna e a orquestra entraram antes de Nelson e tocaram a introdução de "Canción popular", a música que, em 1970, havia revelado o cantor para o público latino-americano. Assim que Nelson surgiu, o público se levantou das cadeiras para aplaudi-lo. Nelson cantou:

> *En esta noche a todos quiero dar*
> *Una canción sin palabras*
> *Una canción popular*
>
> *Que pueda todo mi pueblo cantar*
> *Y en las esquinas del mundo*
> *Nunca se pueda olvidar*

Una canción para cualquier esquina
De las que hay en las ciudades
De América Latina

No palco, Nelson ficava bem na frente da bateria de Vigna. A luz do refletor central, ao enquadrar o cantor, batia no rosto do baterista, que só conseguia ver a silhueta de Nelson e a sombra das gotas de suor que pingavam de sua face. Era uma visão mística: daquele homem tão pequeno saía uma voz poderosa, que capturava a atenção de todos. No refrão, Nelson encheu o peito de ar e cantou ainda mais alto. Ao fim do verso, fez um movimento brusco com a cabeça, olhando para o alto, e Vigna viu uma torrente de suor explodindo da cabeça de Nelson. O baterista começou a chorar, aos prantos, e não parou de chorar durante todo o show. No intervalo de uma das músicas, Nelson se aproximou:

"O que tá havendo, Grandão?"

"Nada, Miúdo. Te amo."

1. Ubá

Aos dois anos e meio, montado no jumento Predileto.

O menino nasceu às oito da manhã de um domingo, 2 de março de 1947, numa casa no bairro do Caxangá, em Ubá, Minas Gerais. Era o primeiro filho de Nelson de Moura Pinto e Ned D'Ávila Pinto. A criança ganhou um nome composto que celebrava pai e mãe: Nelson Ned.

A casa em que Nelson Ned D'Ávila Pinto veio ao mundo pertencia à família da mãe. O pai de Ned, Alencar Magalhães D'Ávila, era comerciante de tecidos em Ubá e tinha boa situação financeira. A mãe, Anna, conhecida por Donana, era pianista e incentivou os filhos a estudar música. Adolescente, Ned aprendera piano e violão. A irmã, Lia, tocava violino, e o irmão, Milton, era flautista. Nos saraus da casa, a família se reunia para tocar música clássica. Além de exímia pianista, Ned encantava a todos com sua voz de soprano. Ela estudou teoria e solfejo e sonhava em fazer carreira como cantora lírica, mas o pai não permitiu.

Já a família de Nelson, pai de Nelson Ned, não era tão musical. Os Moura Pinto tinham uma fazenda de gado, café e cana-de-açúcar em Ubá Pequeno, vilarejo localizado entre as cidades de Ubá e Visconde do Rio Branco. A propriedade era conhecida na região pelo peculiar nome de "Fazenda dos Pinto Grandes", em alusão à estatura do pai de Nelson, Antônio José Pinto, que tinha 2,06 metros de altura. Nelson trabalhava na fazenda. Nos fins de semana, montava num cavalo e ia à casa da irmã, Nair, em Ubá. Foi numa dessas visitas à cidade que conheceu Ned e se encantou pela beleza da menina de cabelos negros, onze anos mais nova que ele. Quando Nelson Ned nasceu, o pai, Nelson, tinha 29 anos e a mãe, Ned, dezoito.

Nelson Ned foi o primeiro filho de Nelson e Ned, primeiro neto dos avós e o primeiro sobrinho dos tios. Desde o dia em que nasceu, foi mimado por todos. Logo após o nascimento dele, Nelson pai e Ned se mudaram para a fazenda dos Moura Pinto. Ned, acostumada a uma vida confortável na cidade, teve dificuldade para se adaptar ao cotidiano duro de um lugar sem água encanada e iluminado apenas por lampiões. Enquanto o marido trabalhava na lavoura e cuidava do gado, Ned tomava conta de Nelsinho. Ela aproveitou as horas de marasmo na fazenda e aprendeu a tocar acordeão. As festas juninas da família nunca mais foram as mesmas.

Quando o filho completou três meses, Ned começou a suspeitar que havia algo diferente no menino. Mesmo sendo mãe de primeira viagem, Ned achava que o corpo da criança esperta e risonha não estava se desenvolvendo como deveria. Nelsinho foi levado para uma consulta com um médico local. Assim que viu o menino, o médico disse: "Ele tem uma estatura abaixo do normal. A senhora precisa levá-lo ao Rio de Janeiro para um exame mais detalhado. Tudo indica que ele será displásico, não vai crescer. Será um anãozinho".

O diagnóstico foi um choque para os pais. Não havia caso de nanismo em nenhuma das famílias. Pelos dez anos seguintes, Nelson e Ned levaram o filho para consultar vários médicos em cidades grandes como Belo Horizonte e Rio de Janeiro, mas ninguém conseguia explicar a causa do nanismo de Nelsinho. Até que um especialista cravou: o menino sofria de displasia espondiloepifisária, um tipo raro de nanismo causado por uma mutação genética e caracterizado por tronco curto e problemas graves nas articulações ósseas. Pacientes com essa condição têm um achatamento da coluna, o que dá a impressão de uma cabeça muito grande, sem pescoço, num tórax desproporcionalmente largo.

Adulto, Nelson se tratou por mais de trinta anos com um dos mais conceituados ortopedistas de São Paulo, dr. João E. G. Thomazelli, que definiu assim a anatomia do paciente e amigo: "Ele só tinha mãos e pés sem alterações. Todo o resto era alterado: articulações, joelhos, tornozelos, coluna e, especialmente, o quadril". Hoje, há cerca de quinhentos tipos de displasias esqueléticas catalogadas, mas não se sabe que tipo acometia Nelson Ned. Dr. Thomazelli tem só uma certeza: Nelson Ned vivia permanentemente com dor: "Todas as juntas foram afetadas. A cartilagem gastava, ficava osso com osso, e isso lhe causava uma dor terrível". Outras características desse tipo de displasia são a propensão à miopia e a degeneração da retina. Nelson Ned foi míope a vida toda, usou óculos grossos desde pequeno e, aos 29 anos, sofreu um descolamento de retina.

Na Ubá de 1947, os pais de Nelsinho não sabiam disso. Atordoados e sem informações médicas precisas, fizeram de tudo para reverter a condição do menino, sem saber que não havia jeito. Ned fazia massagens diárias nas pernas do filho com sebo de carneiro. Ela chorava muito e se culpava: "O que eu fiz de errado?". Todo dia, media a altura do filho, torcendo pelo crescimento dele. Assim que Nelsinho conseguiu ficar de pé, Ned passou a encostá-lo à parede e, com um lápis, marcar a altura do menino, para acompanhar o crescimento dele. Também instalou na casa uma barra ortopédica, para que o filho pudesse fazer exercícios. A dieta de Nelsinho era rica em cálcio e vitaminas, e Ned enchia o menino de tutano de boi. Uma das primeiras lembranças de Nelson Ned é a mãe dizendo: "Come, que isso é bom para você, meu filho".

Nelson e Ned ainda se adaptavam à vida com um filho com nanismo quando Ned engravidou de novo. A notícia causou, ao mesmo tempo, alegria e preocupação: e se viesse outra criança com a mesma condição? Àquela altura, os pais não sabiam que o nanismo de Nelsinho fora causado por uma mutação genética rara, na proporção de um caso para cada 100 mil nascimentos. Ainda suspeitavam que, de alguma forma, fossem os responsáveis pela condição do filho. Os meses seguintes foram tensos. Quando Ned Helena nasceu, em 4 de setembro de 1948, os pais não conseguiram achar nada de "diferente" nela. Mas Nelsinho também nascera com aparência normal, e seu nanismo, pelo menos aos

Ned Helena e Nelson Ned.

olhos leigos da família, se manifestara apenas no terceiro ou no quarto mês de vida. Foi só depois que Ned Helena completou cinco ou seis meses que os pais tiveram a convicção de que ela não sofria da mesma doença do irmão. Depois de Nelson Ned e Ned Helena, o casal teve mais cinco crianças: Nélia, Nedson, Neuma, Neyde e Nelci. Todos tinham altura normal. Nelson Ned, o primogênito, seria a única pessoa com nanismo da família.

Na fazenda, Nelson Ned teve uma infância dos sonhos. Passava o dia brincando na mata, comendo mangas e goiabas e passeando no lombo de um jumento chamado Predileto. Nelsinho tentava acompanhar o ritmo frenético das correrias de Ned Helena e Nélia. A família contratou uma empregada, Eunice, para ajudar Ned a tomar conta dos filhos. Eunice era muito gentil, apaixonada pelas crianças e passava horas brincando com Nelson, Ned Helena e Nélia. Os três gostavam de passear com Eunice pela fazenda, observando o trabalho na lavoura. Nelsinho adorava animais e começou a imitar os sons dos bichos da fazenda. Ele fazia som de jumento para chamar Predileto, e Eunice morria de rir com as imitações do menino.

Em Ubá, na casa dos avós maternos, Alencar e Donana, havia uma eletrola e uma grande coleção de discos em 78 rotações. Entre os cantores favoritos da casa estavam Francisco Alves, Carlos Galhardo, Orlando Silva, Vicente Celestino e Sílvio Caldas. Nelson, pai de Nelsinho, gostava de cantar acompanhando os discos, mesmo sabendo que sua voz não era comparável à da esposa, Ned. "Nelsinho, vai lá e pega um disco pra gente ouvir", dizia o pai. O menino corria à coleção e, ainda sem saber ler, escolhia o disco pela capa. Um dia, quase matou o pai de rir ao abrir os braços e cantar sobre o vozeirão de Francisco Alves: "Adeus, adeus, adeus/ Cinco letras que cho*l*am!".

A imagem de uma criança com nanismo chamava muita atenção, e Nelsinho logo virou atração em Ubá. Pessoas paravam na rua para ver aquele menininho risonho e simpático. Era também muito carismático e, talvez por ser constantemente o centro das atenções, desenvolveu uma facilidade impressionante para se exibir em público. Desde pequeno, Nelson Ned adorava uma plateia. Aos três anos, foi convidado para cantar no programa *A Hora do Guri*, apresentado por Francisco Xavier Pereira no auditório da Rádio Educadora Trabalhista, em Ubá. O programa trazia crianças cantoras e tinha como atração principal duas gêmeas de oito anos, Celia e Celma, que cantavam sucessos da época e o jingle do patrocinador, o refrigerante Abacatinho (e depois fariam grande sucesso na música sertaneja). Há uma foto da apresentação de Nelson, feita pelo músico e fotógrafo Celidonio Mazzei, pai das gêmeas. É o primeiro registro de Nelson Ned cantando. A fotografia mostra o menino de pé sobre uma cadeira, entre o locutor Argentino Leão, que segura o microfone para Nelson cantar, e o violonista João Vieira. Ao fundo, dois outros homens sorriem, como se extasiados com a voz da criança. Nelson Ned cantou "Pombinha branca" ("Pombinha branca, que estás fazendo?/ Estou lavando roupa pra meu casamento") e agradou tanto que,

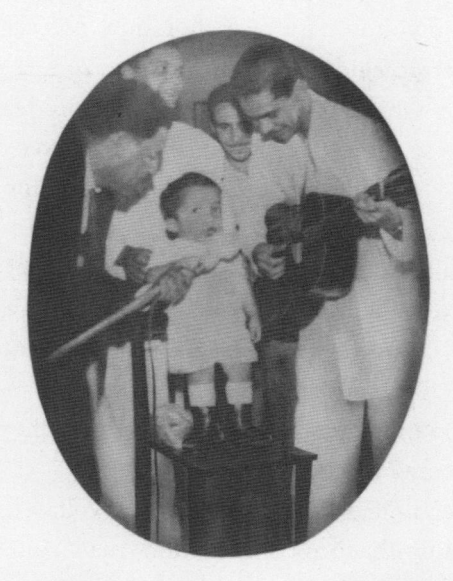

Aos três anos, cantando em uma rádio em Ubá.

poucas semanas depois, voltou ao programa para cantar "Cinco letras que choram".

Além de cantar, Nelson Ned desenvolveu outro dom: o da imitação. Ele reproduzia fielmente as vozes dos cantores que ouvia nos discos e adorava imitar pessoas famosas que falavam no rádio. Um de seus personagens favoritos era o então presidente, Getúlio Vargas. Moradores mais antigos de Ubá não esquecem aquele menino de menos de um metro de altura, com a mão esquerda para trás do corpo e a mão direita na boca, segurando um charuto imaginário, discursando no meio da praça central da cidade: "Trabalhadores do Brasil… ouçam com atenção… venho aqui dizer que… vocês estão todos lascados, seus vagabundos!". O povo se dobrava de rir.

Em 1952, aos cinco anos, Nelson Ned foi matriculado no Grupo Escolar Coronel Camilo Soares, em Ubá. No primeiro dia de aula, os coleguinhas não perdoaram: "Anãozinho! Olha lá o anãozinho!". Nelson voltou para casa chorando. Até então, ele tivera uma vida superprotegida. Em casa, ninguém zombava de sua condição, e ele não sabia o que era ser alvo de brincadeiras maldosas. A avó Donana se compadeceu da tristeza do neto e disse que não permitiria que ele voltasse à escola para ser humilhado: "Vamos contratar uma professora particular. Nelsinho vai estudar em casa, ninguém vai magoar meu neto". Ned não concordou. Até o fim da vida, Nelson Ned se lembraria do que a mãe disse à avó naquele dia: "Não, mamãe, de jeito nenhum. Não vou criar um mundo particular para o meu filho. Ele terá de aprender a viver no meio das outras crianças, como uma criança normal. Vou criar meu filho para o mundo, e não um mundo para meu filho".

No dia seguinte, Nelson Ned estava de volta à escola. Os xingamentos e humilhações continuaram, mas, com o passar dos dias, diminuíram. Nelsinho começou a se enturmar com os colegas e, mesmo tendo dificuldade física para acompanhar as brincadeiras das outras crianças, logo se tornou, por seu carisma e sua inteligência, um dos alunos mais destacados da escola. No recreio, os colegas o cercavam para ouvi-lo cantar as músicas que aprendia na eletrola do avô. Mas sua consagração viria mesmo no Dia da Bandeira, quando a professora, Tia Célia, pediu que ele cantasse para a turma. Nelson cantou o Hino à Bandeira. A professora ficou tão impressionada que mandou chamar toda a escola para ouvi-lo. "Eu devo ter arrepiado, porque a professora ficou doida e chamou as outras professoras, aí veio o grupo escolar inteiro para me ouvir cantar. Depois disso, minha moral ficou legal dentro da escola." Nelson cantou com emoção redobrada, porque estava secretamente apaixonado por Tia Célia. "Ela era bonitona, e eu ficava admirando sua beleza, aquela paixonite de criança." Desde muito jovem, Nelson dava demonstrações de ser um romântico. Uma de suas canções prediletas era a fetichista "A camisola do dia", composição de Herivelto Martins e David Nasser, gravada em 1953 por Nelson Gonçalves:

Amor, eu me lembro ainda
Que era linda, muito linda
Um céu azul de organdi

A camisola do dia
Tão transparente e macia
Que eu dei de presente a ti

Tinha renda de Sevilha
A pequena maravilha
Que o teu corpinho abrigava

A canção mexeu tanto com a imaginação do menino que, quarenta anos depois, ele ainda se lembrava do impacto que ela lhe causara: "Eu ficava imaginando que as minhas tias, o pessoal todo levantava de camisola, era uma coisa muito familiar. Eu ficava sonhando com aquela camisola. Eu não fazia ideia do contexto da canção, do que significava aquela 'camisola do dia', mas a música foi criando imagens na minha mente de criança".

Depois do triunfo no Dia da Bandeira, Nelson ganhou autoestima e, em pouco tempo, não só começou a ir sozinho à aula, mas, como se desafiasse aqueles que zombavam de sua condição física, ainda chegava à escola pedalando uma bicicleta. A mãe conseguira lhe ensinar a lição: ele não viveria num mundo exclusivo e protegido. A vida era dura, e as pessoas nem sempre eram gentis. Quando algum colega exagerava na provocação, ou algum comentário maldoso lhe doía particularmente fundo na alma, ele reagia e se defendia. Não foram poucas as vezes que foi expulso da aula depois de trocar socos com algum colega.

Nelsinho passeia pela avenida Rio Branco, no Rio de Janeiro, com o tio Napoleão.

O menino tinha um tio, Napoleão, que morava no Rio de Janeiro e com frequência levava o sobrinho para passear na então capital federal. Napoleão amava loucamente o menino. O tio começou a perceber que seu xodó tinha uma imaginação fértil. Nelsinho ficava vidrado nas histórias que ele contava e, depois, repetia as histórias para outros familiares, caprichando nas descrições de personagens e situações. "Você ainda vai ser artista!", disse Napoleão. "O que é um artista?", perguntou o sobrinho. Napoleão explicou que artista era uma pessoa que usava a imaginação e criava histórias e mundos próprios. Nelsinho ficou fascinado. De volta à fazenda, começou a inventar enredos e personagens: botava um chapéu de caipira, vestia um cachecol e, empunhando um pedaço de madeira em forma de faca — ou, às vezes, uma faca de verdade, para temor da mãe —, perseguia galinhas, vacas e cachorros: "Eu sou um caubói! Vou te matar!".

Nelson Ned amava ir às matinês do Cine Brasil, em Ubá, ver seriados de faroeste e super-heróis. Ficou vidrado com as cores vibrantes do épico *Quo vadis?*. Assim que aprendeu a ler, passou a devorar gibis do Tio Patinhas e do Pato Donald. Muitos anos depois, num show em São Luís do Maranhão, Nelson se emocionou ao encontrar, no hotel, o fundador da Editora Abril, Victor Civita, que havia publicado no Brasil a revista do Pato Donald, em 1950. "Senhor Civita, o senhor não tem ideia do que o gibi do Pato Donald significou na minha vida. Eu comecei a entrar no mundo da fantasia lendo aquelas revistinhas", disse Nelson. "É muito bom ouvir isso", respondeu Civita. "Eu construí o meu império com aquela revista." Nelson adorava ir à ca-

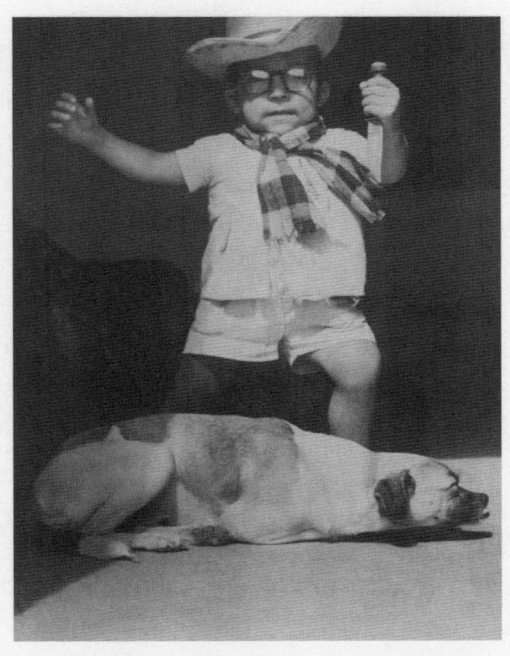

Nelson Ned com faca, "atacando" um cachorro.

sa da tia Cornélia, em Visconde do Rio Branco, porque as filhas dela tinham coleções de gibis do Pato Donald, do Tio Patinhas e do Mickey Mouse.

Das histórias em quadrinhos, Nelson passou aos livros. Nunca esqueceu a emoção que sentiu ao ler *O gato de botas* e *Alice no País das Maravilhas*. Ao longo da carreira, Nelson Ned elogiaria autores como Machado de Assis, Millôr Fernandes, Fernando Pessoa e Gabriel García Márquez. Sempre dizia que a literatura o havia ajudado a se expressar bem: "Essa forma de enriquecimento insubstituível, que é a leitura, desabrochou e acelerou em mim a capacidade de falar com desembaraço, pronunciar bem as letras das músicas que eu cantava e, alguns anos depois, ajudou muito na composição de minhas próprias músicas".

Nelson Ned estudou em Ubá até os sete anos. Em 1955, a mãe conseguiu um emprego de professora numa escola rural no vilarejo de Peixoto Filho, próximo a Ubá. A família se mudou para Peixoto Filho e Ned se tornou professora de Nelsinho. Nesse mesmo ano, o filho mais ilustre de Ubá, o compositor Ary Barroso, passou pela cidade. Autor de clássicos da música brasileira, como "Aquarela do Brasil", "No tabuleiro da baiana" e "Na Baixa do Sapateiro", e de cerca de trinta músicas para Carmen Miranda, Barroso se encantou com o pequeno conterrâneo que cantava tão bem. Para homenagear o compositor, alguém sugeriu que Nelsinho cantasse "Risque", música de Barroso gravada por Aurora Miranda em 1952 e que havia feito grande sucesso no ano seguinte, na voz de Linda Batista. Nelsinho não se intimidou:

Risque
Meu nome do seu caderno
Pois não suporto o inferno
Do nosso amor fracassado

Deixe
Que eu siga novos caminhos
Em busca de outros carinhos
Matemos nosso passado

A estrofe seguinte era:

Mas, se algum dia, talvez,
A saudade apertar
Não se perturbe
Afogue a saudade nos copos de um bar

Nelsinho errou a letra e, no lugar de "Nos copos de um bar", cantou "Nos copos de Ubá". Ary Barroso gargalhou.

Em 1957, Ned passou num concurso público para a Coletoria Estadual de Minas Gerais, em Belo Horizonte. Estava preocupada com o futuro das crianças e achava que uma cidade grande ofereceria mais oportunidades para elas. Ned convenceu o marido, Nelson, a transferir a família para a capital mineira. Assim, os D'Ávila Pinto deixaram Ubá e se instalaram numa pequena casa na rua Capivari, no bairro de Serra. Eram, à época, sete: Nelson, Ned, e os filhos Nelson Ned, Ned Helena, Nélia, Nedson e Neuma. Depois da mudança para Belo Horizonte, nasceriam Neyde, em 1960, e Nelci, em 1962.

Os primeiros anos em Belo Horizonte foram difíceis. Nelson, o pai, teve dificuldade para se adaptar à vida urbana, depois de anos morando e trabalhando na fazenda. Sem qualificações profissionais além de cuidar de gado e lavoura, ele só conseguia empregos mal remunerados. A família passou a viver, basicamente, do salário de Ned na Coletoria. Se a vida na capital mineira não estava fácil, pelo menos a mudança serviria para aproximar os D'Ávila Pinto de parentes queridos: em Belo Horizonte, morava a família de Nair Pinto Collares, irmã de Nelson. Nair tinha oito filhos. O primogênito, José Carlos, sete anos mais velho que Nelson Ned, costumava tomar conta dos primos mais novos quando Ned e Nelson estavam trabalhando. Nos primeiros dias, José Carlos penou: Nedson era um verdadeiro capeta, que ficava correndo atrás das irmãs e fazendo bagunça na casa toda. Já Nelson Ned era muito engraçado, contava "causos" e fazia imitações que matavam os outros de rir. José Carlos estudava medicina e ficava impressionado com a anatomia do primo. Nelson era pequeno, mas tinha uma agilidade impressionante e era muito forte. José Carlos concluiu que o primo tinha a força muscular de uma pessoa de tamanho normal e conseguia facilmente levantar o próprio corpo com as mãos.

Apesar da diferença de idade, José Carlos e Nelson Ned se tornaram muito próximos. José Carlos tinha um grupo de amigos que costumava sair pela noite de Belo Horizonte. Nelson, mesmo sete anos mais novo que os rapazes, passou a acompanhá-los. No início, eles estranharam a presença daquele menino tão pequeno e novo, mas logo foram vencidos por seu humor e carisma. Quando descobriram que Nelson Ned tinha um vozeirão, passaram a levá-lo para fazer serenatas para as namoradas. Nelson cantava, à capela, músicas italianas como "O sole mio" e "Cuore n'grato", e as janelas se abriam para ver de quem era aquela voz. Quando descobriam que vinha daquele menino pequeno, todo mundo se surpreendia.

Uma noite, voltando de uma festa, a turma de José Carlos atravessava a pé uma avenida larga de Belo Horizonte, quando Nelsinho teve dificuldades para acompanhar o ritmo e ficou para trás. José Carlos viu um carro se aproximando em alta velocidade e se assustou. Ele correu para o meio da rua, levantou Nelsinho e o carregou até a calçada. "Porra, Zé, me larga, não preciso da ajuda de ninguém!" José Carlos disse: "Mas, Nelsinho, suas pernas

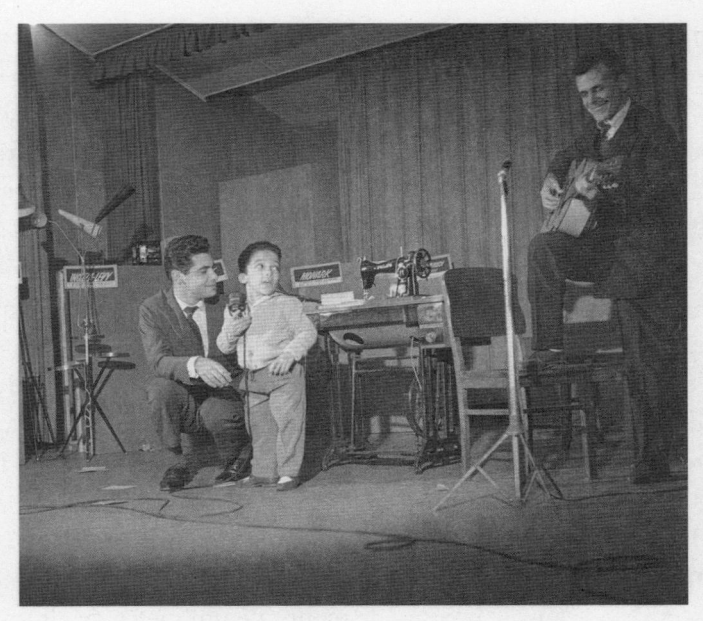

Aos catorze anos, Nelson Ned se apresenta na TV Itacolomi.

são curtas, não ia dar tempo, esse carro ia te atropelar, qual o problema de eu carregar você?". Nelson não se conformava: "Não faça isso de novo!". Os amigos de José Carlos, que adoravam Nelsinho, aliviaram a tensão do momento carregando uns aos outros. "Tá vendo? Tão me carregando no colo!", brincou José Carlos. Nelsinho riu e relaxou.

Os boatos sobre o menino pequeno da voz de veludo não demoraram a chegar aos ouvidos de Antônio Augusto, locutor que apresentava o programa *Show de Prêmios DDE*, transmitido ao vivo pela TV Itacolomi, canal 4 de Belo Horizonte, diretamente do auditório da Rádio Guarani. Augusto convidou Nelsinho para se apresentar no programa. Em 1º de julho de 1961, Nelson Ned fez sua estreia na televisão, aos catorze anos, cantando com a mãe. Nelsinho interpretou "Eu sonhei que tu estavas tão linda", de Lamartine Babo e Francisco Matoso. O público ficou surpreso ao descobrir que aquele menino de menos de um metro de altura já era um adolescente e tinha uma voz tão bonita.

A participação do garoto no programa de Antônio Augusto foi motivo de orgulho para a família, mas não melhorou em nada a precária situação financeira da casa. Para ajudar na renda familiar, Nelsinho decidiu procurar emprego. Ele cursava o ginásio na Escola Estadual Lúcio dos Santos e fez um curso de datilografia para aumentar as chances de contratação. Um dia, ele e a mãe passaram em frente ao prédio dos Chocolates Lacta e viram uma placa: "Procura-se office boy". Ned pediu para falar com o gerente. Os dois foram encaminhados à sala do diretor da Lacta em Belo Horizonte, Mopyr de Sousa Arruda. "Meu filho precisa de um emprego para ajudar em casa", disse ela. "O que ele sabe fazer?", perguntou Mopyr. Nelsinho disparou a falar: contou que estava estudando, que era um bom aluno e havia feito um curso de datilografia. Precisava do emprego para ajudar a sustentar a família. Falou com tanto desembaraço e segurança que Mopyr se encantou com o menino e decidiu contratá-lo, mas não como um simples office boy: "Você será meu secretário pessoal. Vai ficar na minha sala, atender os telefones, anotar recados e fazer entregas para mim".

Nelsinho se dedicou ao emprego com afinco: chegava pontualmente ao trabalho e fazia todas as tarefas designadas por Mopyr. Numa época em que não havia leis de proteção e inclusão de pessoas com nanismo, o simples ato de chegar à fábrica demandava um grande esforço. Nelson media pouco menos de um metro e tinha grande dificuldade para subir e descer as escadas dos ônibus. Por mais que tentasse, por vezes não conseguia subir sem a ajuda do motorista ou de algum passageiro, o que era motivo de humilhação e constrangimento. Ele se enfurecia com as risadas e brincadeiras que ouvia diariamente.

Em poucos dias, Nelson virou atração no prédio da Lacta. Os funcionários achavam graça daquele menino baixinho, óculos de lentes grossas e pinta de nerd, andando apressado pelos corredores, carregando pastas e caixas que pareciam maiores que ele. Nelson era carismático e engraçado, e logo se enturmou com todos. Em um intervalo de almoço, deixou os colegas boquiabertos ao cantar sucessos românticos da época. Mopyr, observando a vibração dos funcionários com a voz do menino, teve a ideia de colocar Nelsinho como atração de promoções que a empresa fazia em escolas de Belo Horizonte. Na hora do recreio e na saída dos alunos, uma kômbi da Lacta, cheia de chocolates Diamante Negro e bombons Sonho de Valsa, estacionava em frente às escolas, e Nelsinho cantava num microfone. Foram suas primeiras apresentações profissionais.

O salário de secretário, somado aos extras que ganhava nas apresentações na kômbi da Lacta, ajudava a reforçar as parcas finanças da família. Nelsinho também faturava uns trocados em concursos de calouros em circos e emissoras de rádio. O pai descobriu que havia um circo que dava um prêmio em dinheiro para o melhor calouro: "Nelsinho e Ned Helena vão se inscrever, aí vai ser impossível a gente não ganhar". E assim foi: na primeira vez, venceu Nelsinho; na segunda, Ned Helena. Na terceira, o dono do circo proibiu os irmãos de concorrerem.

O sucesso das promoções nas escolas foi tão grande que a Lacta escalou Nelson Ned para cantar no *Cirquinho do Bolão*, um programa infantil que a marca patrocinava na TV Itacolomi. Num cenário mambembe que reproduzia um circo, em meio a palhaços e malabaristas, Nelson Ned cantava sucessos de astros do pop da época, como Chubby Checker e Elvis Presley. A verve do menino impressionava: quando um apresentador da TV perguntou a Nelson Ned como ele reagia quando alguém brincava com o fato de ele ser pequeno, respondeu: "Pequeno, para mim, é o sujeito que, do alto de sua ignorância, me acha pequeno".

Com a exposição na mídia, Nelson começou a ser chamado para programas em emissoras de rádio locais, como Inconfidência e Guarani. Ia sempre acompanhado de Ned. Num desses programas, apresentado pelo famoso Aldair Pinto na Rádio Inconfidência, a mãe cantou "Lisboa antiga", grande sucesso na voz da cantora portuguesa Amália Rodrigues, e Nelsinho interpretou "Eu sonhei que tu estavas tão linda". Naquele dia, outra atração do programa era Raimundo José, um cantor de apenas 22 anos, mas que já tinha uma carreira estabelecida na rádio e na noite belo-horizontinas. Raimundo se surpreendeu, primeiramente, com a beleza da voz de soprano de Ned, mas ficou realmente chocado ao ouvir o vozeirão do rapaz. Nelson tremia todo quando soltava o agudo em "Eu sonhei que tu estavas tão linda". "Você fez aulas de canto?", perguntou Raimundo. "Só com a mamãe aqui", respondeu Nelson. Os dois se tornariam amigos pelos cinquenta anos seguintes.

Raimundo José cantava para sobreviver. Filho único de dona

Raimunda, uma trabalhadora rural analfabeta que ficou viúva antes de o filho nascer, Raimundo começou a se apresentar em esquinas, circos e rodoviárias, em qualquer lugar onde pudesse ganhar umas moedas em troca de uma canção. Aos sete anos, cantou num programa de rádio com o palhaço baiano Pinduca e agradou tanto que passou a ser chamado para shows de calouros e festas em igrejas e circos. Em 1956, aos dezesseis anos, fez parte do primeiro grupo de cantores do Madrigal Renascentista, um coral fundado em Belo Horizonte pelo regente Isaac Karabtchevsky, então com 22 anos. No fim da década de 1950, Raimundo José estreou profissionalmente em emissoras de rádio de Belo Horizonte cantando ao lado de outros novatos, como um torneiro mecânico de Caratinga chamado Agnaldo Timóteo e uma tecelã de Paraopeba, Clara Francisca, que depois ficaria conhecida como Clara Nunes.

O *Cirquinho do Bolão* logo ficou pequeno para Nelson, e a Lacta inventou um programa especialmente para ele, chamado *Gente, o Tamanho Não Importa!*. Mopyr, o gerente que havia dado a primeira oportunidade ao menino, estava radiante com o sucesso de seu protegido. Ele adorava Nelsinho e o considerava praticamente um filho. Na hora do almoço, pegava a kômbi da empresa e levava o menino para saborear a comida preparada pela esposa, dona Maninha. Nelsinho adorava os almoços na casa de Mopyr. A comida era ótima, dona Maninha, uma simpatia, e os filhos do casal — Sócrates, Diógenes e Péricles — adoravam prosear com Nelson. Mas o que realmente o atraía à casa eram os olhos castanhos e os cabelos claros de Eliciane, filha de Mopyr. "Comecei a perceber que, quando olhava para ela com o meu mais expressivo olhar de carinho, era correspondido. Foi a primeira vez que saí do amor platônico, irreal, para o amor real. Saí da nebulosidade dos meus sonhos e passei a amar alguém de carne e osso."

Foi na companhia de Eliciane que Nelson Ned começou a ouvir o repertório de cantores românticos latino-americanos, como o chileno Lucho Gatica e o mexicano Miguel Aceves Mejía. Eliciane tinha uma respeitável coleção de discos de boleros e música "ranchera", e Nelson se apaixonou por canções como "La malagueña salerosa", "La barca" e "El reloj". Eram músicas fortes e desbragadamente sentimentais, que apelaram ao espírito sonhador e romântico de Nelson Ned. "Esse envolvimento com Eliciane seria muito importante na minha futura carreira de compositor, pois iria me revelar a riqueza da música hispana." Numa reviravolta amorosa típica do enredo de um desses boleros, Nelson descobriu que os discos haviam sido presenteados a Eliciane por Fernando, um peruano estudante de medicina. No fim, Eliciane acabaria se casando com Fernando. Nelson perdeu o amor de Eliciane, mas ganhou para sempre a companhia de Miguel Aceves Mejía, Lucho Gatica, Pérez Prado, Trio Los Panchos, Agustín Lara, Armando Manzanero, Toña La Negra e muitos outros ícones da canção latina.

O rompimento com Eliciane foi a primeira grande decepção amorosa da vida de Nelson Ned. Desde muito jovem, ele sofria por amor. Apaixonava-se frequentemente e caía em depressão quando era rejeitado. Para dificultar ainda mais as coisas, só se apaixonava pelas meninas mais bonitas do pedaço. "Meu problema é que só tenho modelos dentro de casa", dizia ele. "Mamãe é linda, minhas irmãs são lindas, então meu nível de exigência de beleza foi, desde cedo, muito alto. Eu não gostava de ninguém mais ou menos, só queria as mais belas." Um dia, as irmãs apareceram na casa da família com uma amiga muito bonita, Lurdinha Sombra, por quem Nelson se encantou. "Ganhei um dinheiro na rádio, por que vocês não convidam a Lurdinha para ir ao cinema com a gente? Eu convido todo mundo", disse Nelson às irmãs. Mas foi em vão: Lurdinha era apaixonada por um tal de Luiz Elton, garotão de praia, louro, olhos azuis, todo bronzeado. Nelsinho não teve a menor chance.

Ele fazia o tipo sensível: gostava de presentear as meninas com flores e de cantar músicas românticas para suas pretendentes. Às irmãs e aos amigos mais próximos, Nelson já demonstrava, desde os treze ou catorze anos, preocupação com um assunto delicado: a possibilidade de ter filhos com nanismo. Ele costumava conversar sobre isso com o amigo Raimundo José. Um dia, Nelson e Raimundo estavam na casa do primo de Nelson, José Carlos, já formado em medicina, e Nelson perguntou ao primo qual a chance de ter filhos pequenos como ele. O primo explicou que a chance era grande. "Nelsinho, essa sua vida é complicada, pensa nisso antes de decidir ter filhos", disse José Carlos. Nelson retrucou: "Mas eu, como já experimentei a vida de uma pessoa pequena, posso ensinar para eles o caminho, facilitar a vida deles". José Carlos ficou sem argumento.

Enquanto não realizava o sonho de ser pai, Nelson Ned se contentava em criar cachorros. Era louco por cães e adorava acompanhar os amigos de José Carlos quando esses levavam seus cães para passear. O sonho de consumo de Nelson era ter um pastor-alemão. Um dia, um conhecido da família presenteou Nelson com uma pastora-alemã chamada Duale. Só havia um problema: a cadela estava em Itaúna, a 80 quilômetros de Belo Horizonte. Sem carro nem grana, Nelson, José Carlos e vários amigos compraram as passagens de trem mais baratas e se mandaram para Itaúna. A viagem foi um pinga-pinga infernal, com a turma espremida no vagão calorento da segunda classe. Irritado, Nelson disse: "Guenta aí, que vou conseguir um lugar melhor pra nós". Ele foi ao vagão da primeira classe e, do nada, começou a cantar. Foi uma festa: os passageiros aplaudiram, pediram músicas, ninguém queria que ele saísse. "Gostaria de continuar a cantar para vocês, mas os meus amigos estão na segunda classe e eu preciso voltar para lá." Em dois minutos, a turma toda estava instalada na primeira classe.

Nelson e os amigos buscaram Duale em Itaúna e a levaram de trem para Belo Horizonte. Meses depois, a cadela deu à luz uma ninhada. Nelson ficou com um filhote, que batizou de Black, e, com técnicas de adestramento, lhe ensinou a obedecer a diversos comandos. A primeira lição foi a de atacar quando ouvisse determinada palavra. A palavra era "ANÃOZINHO".

No fim de 1962, aos quinze anos, Nelson Ned continuava alternando o trabalho de secretário pessoal de Mopyr e as promoções na kômbi da Lacta com participações em programas de TV como *Clube do Pererê*. Um dia, Mopyr dirigia a kômbi, com Nelson no banco da frente, quando perdeu o controle do carro e bateu num poste. Mopyr sofreu apenas um corte no nariz, mas Nelsinho não teve a mesma sorte: foi arremessado no vidro dianteiro do carro, quebrou os dois braços, uma perna, e perdeu quatro dentes da frente. "Eu parecia um monstro." Seu rosto ficou desfigurado, com inchaços imensos por toda a face e coágulos pretos em volta dos olhos. Todos que o visitavam saíam do quarto horrorizados. Nelson era tão querido que a casa dos D'Ávila Pinto virou uma romaria de gente visitando, orando, querendo saber notícias dele. Nelson Ned ficou três meses de cama, com os dois braços e uma perna engessados. Voltou a andar com muita dificuldade, apoiado em cadeiras e sentindo dores terríveis nas pernas e no quadril. A mãe levou um ortopedista até ele, e o médico sugeriu banhos de mar e exercícios em piscina para ajudar na recuperação motora. Neide, irmã de Ned, morava com o marido, Danilo, num amplo apartamento no bairro do Flamengo, no Rio de Janeiro, que tinha uma piscina e estava localizado próximo às praias do Flamengo e de Botafogo. Neide e Danilo convidaram o sobrinho para morar com eles. E assim, no início de 1963, Nelson Ned se mudou para o Rio de Janeiro.

2. Um show de noventa centímetros

Em 4 de maio de 1963, o jornal carioca *Diario de Noticias* publicou uma nota enigmática, assinada por Mag, colunista de rádio e TV:

FALTOU O NOME

O *Show Doçura*, geralmente um programa sem grandes atrações, conseguiu nesta semana empolgar os ouvintes com a apresentação de um cantor dotado de voz maravilhosa, excepcional. Ao anunciar seu número, o locutor disse apenas que iríamos ver o menor cantor do Brasil. Se pronunciou seu nome, fê-lo de tal modo obscuro que não pudemos gravá-lo na memória. Então, apareceu o artista. Ao primeiro olhar, não concluímos se estava diante de nós um menino ou um homem pequeno. Era de estatura liliputiana, vestido de smoking, a bela cabeça avultando no corpo minúsculo. E começou a cantar. Que beleza! Os anjos, se cantam, devem servir de modelo ao artista. Timbre celestial, expressão magnífica. O auditório da TV Rio aplaudiu o menino-homem com verdadeiro delírio. Era o que tínhamos vontade de fazer, em casa. No entanto, privou-nos o locutor de nos dizer o nome daquele jovem talento. Mas, temos certeza, dentro em breve a celebridade tomará conta do estreante de agora, e o povo há de exclamar, emocionado, esse nome que nos foi roubado sem motivo. Então, saberemos se ele é João ou José, Caruso ou Volpi. O gênio não pode ser escondido pelos medíocres. A glória é uma fatalidade, os seres privilegiados não fogem a ela, a não ser pela renúncia da própria arte. E, acreditamos, tal não acontecerá ao menino-cantor, ou menino-homem do *Show Doçura*. Ainda guardamos o eco dos aplausos ruidosos que recebeu na TV Rio, e que hão de se repetir onde quer que se faça ouvir aquela voz predestinada aos maiores sucessos.

O cantor, claro, era Nelson Ned. E o "locutor" que não revelou o nome do intérprete era Moacyr Franco, apresentador do

Show Doçura. A nota do *Diario de Noticias* repercutiu imediatamente: no dia da publicação, Nelsinho estava com os tios, Neide e Danilo, num jantar na casa de amigos, quando foi abordado por um jovem compositor, João Roberto Kelly, que estouraria no Carnaval de 1964 com "Cabeleira do Zezé", escrita em parceria com Roberto Faissal e gravada por Jorge Goulart: "Você não é o cantor que a Mag citou no jornal?". Aquela nota foi tão marcante para a carreira de Nelson Ned que, 34 anos depois, em outubro de 1997, quando concedeu uma entrevista ao autor e pesquisador Paulo Cesar de Araújo, ele lembrava o texto inteiro de cor. "É uma visão profética", disse Nelson.

Nelson Ned não foi para o Rio de Janeiro atrás de uma carreira artística, mas as coisas aconteceram rápida e inesperadamente, e seu talento não demorou a ser revelado. Ele chegou à Cidade Maravilhosa nos primeiros dias de 1963, pouco antes de completar dezesseis anos. Na época, a televisão, inaugurada havia pouco mais de dez anos no país, ainda não tinha a mesma popularidade do rádio, mas a figura do menino pequeno atraiu a atenção de vários programas musicais de TV, e logo Nelsinho já estava se apresentando em atrações como *Hebe, Cynar e Simpatia*, apresentado por Hebe Camargo, *Discoteca do Chacrinha* e *Show Doçura*. Também cantava nos programas de César de Alencar e Paulo Gracindo na Rádio Nacional, ao lado de astros como Marlene, Emilinha Borba e Ivon Curi. Em várias dessas apresentações, Nelson Ned foi acompanhado por uma talentosa pianista de 21 anos, chamada Nilda Aparecida.

O encontro de Nelson e Nilda aconteceu por acaso. Nilda morava um andar acima do apartamento dos tios de Nelson quando ouviu, pela janela, uma voz que a deixou hipnotizada. Era uma voz potente, muito afinada, mas difícil de definir. Ao mesmo tempo que tinha uma força incrível, parecia vir de uma pessoa muito jovem. Nilda nunca tinha ouvido uma voz parecida. Naquele dia, Nelsinho estava mostrando aos tios canções do repertório do cantor mexicano Miguel Aceves Mejía. Nilda desceu ao apartamento dos vizinhos e surpreendeu-se ao descobrir que a voz vinha de um menino de dezesseis anos — e que aparentava muito menos. "Sou pianista, você não quer subir lá em casa e cantar comigo?" Nilda e Nelsinho passavam tardes inteiras tocando e cantando na casa de Nilda e se apresentaram diversas vezes para amigos de tia Neide e tio Danilo. Num desses encontros, Nelsinho cantou para uma senhora rica e influente, dona Odila. Impressionada com o talento do menino, Odila convidou Nelsinho para um jantar no imponente apartamento dela, onde receberia visitantes ilustres. "Foi a primeira vez na minha vida que eu, entre outros pratos finíssimos, comi maionese com maçã", disse Nelson Ned. "Achei aquilo chiquérrimo." Naquela noite, Nelson Ned arrebatou os presentes cantando "Prelúdio para ninar gente grande (menino passarinho)", de Luiz Vieira:

No calor do teu carinho
Sou menino passarinho
Com vontade de voar

Entre os convidados da noite estava o jornalista Arlindo Silva, então editor da influente revista *O Cruzeiro* (e, depois, biógrafo de Silvio Santos). Arlindo ficou louco com Nelson e pautou uma entrevista com o menino-prodígio. Publicada em duas páginas na edição de 30 de março de 1963, com texto de José Franco e fotos de José Nicolau, a reportagem, intitulada "Um show de noventa centímetros", ajudou a divulgar o nome de Nelson Ned em todo o país: "Ele anda na casa dos poucos centímetros, recebe cumprimentos olhando para cima e, sob os refletores, mostra o verdadeiro tamanho de seu talento de gente grande [...]. O que há de raro nesse artista *mignon* é que aparece como um *showman* completo, à maneira de Sammy Davis Jr., animando os seus programas e cantando canções românticas neles todos, com o desembaraço (e quase sempre a categoria) dos bons nomes artísticos do Brasil".

Um mês depois da publicação, Arlindo Silva levou Nelson Ned para participar do programa *Qual É o Assunto?*, apresentado por Neide Aparecida na TV Tupi do Rio de Janeiro. Os telespectadores não devem ter entendido nada quando, na abertura do programa, a câmera focalizou um violoncelo. Subitamente, de trás do instrumento, saiu Nelson Ned, de smoking, cantando o fado "Foi Deus", grande sucesso na voz da cantora portuguesa Amália Rodrigues. "Aquilo produziu um sucesso tremendo", disse Nelson. "Aquele programa e a reportagem na revista *O Cruzeiro* fizeram com que eu passasse a parar o trânsito quando saía na rua. Fiquei famoso da noite para o dia."

Com o sucesso, Nelson foi convidado para participar do concurso "Um cantor por 1 milhão", do programa *Noite de Gala*,

Numa apresentação em 1966, aos dezenove anos.

na TV Rio. O programa era um concurso de cantores e compositores patrocinado pela loja de departamentos Rei da Voz, de propriedade do empresário Abraham Medina (pai do publicitário Roberto Medina, criador do Rock in Rio), que prometia 1 milhão de cruzeiros para o melhor cantor escolhido pelos jurados e a mesma quantia para o compositor da canção vencedora do concurso. Outro apoiador do programa era a gravadora Philips, que oferecia ao vencedor um contrato para a gravação de um disco. Nelson Ned participou da primeira eliminatória, cantando "Eu sonhei que tu estavas tão linda". O júri, composto pelo compositor Ary Barroso, o radialista Renato Murce e o diretor da Philips, Ismael Correa, o escolheu como o melhor cantor da eliminatória. A revista *Intervalo* publicou:

> O vencedor [...] foi o cantor Nelson Ned, de 75 centímetros de tamanho e dono de uma grande voz. Nelsinho, com dezesseis anos de idade, foi proibido pelo juiz de menores de cantar em boates no Rio de Janeiro, mas dedica-se a fazer shows no interior participando de caravanas que o tornaram famoso em diversas cidades, como em Ubá, terra de Ary Barroso, onde também nasceu. Além de cantor, Nelson Ned é estudante de inglês e tem o hobby de criar cães de caça, dedicando a este mister quase todo tempo que tem disponível.

Depois da eliminatória, Nelson foi procurado por Ismael Correa. O diretor da Philips previa um grande futuro para o menino e, com medo de perdê-lo para outra gravadora, fez uma proposta que sabia ser irrecusável: Nelson deveria abandonar o concurso e gravar imediatamente um compacto pela Philips. Em 13 de junho de 1963, Nelson Ned escreveu uma carta ao pai, detalhando o plano:

> Já tenho propostas vantajosas, mas é preciso gravar [...]. É preciso guardar segredo sobre tudo que vou fazer. Vou entrar para o con-

curso "Um cantor por 1 milhão". Não vou ficar até o fim. Quando eu fizer uns três programas, eu então soltarei a gravação com o pretexto de ter sido contratado antes do término do concurso. Vou por estes dias assinar contrato com a Philips e já vou gravar o disco, que ficará preso até quando eu fizer as três apresentações. Isto vai dar muito efeito depois de solta a gravação. Então o senhor vai ligar o rádio e irá ouvir a minha voz por todo canto do Brasil.

Saudades do filho que muito o quer e adora.

Em setembro de 1963, uma nota no jornal *Correio da Manhã* anunciava o lançamento, pelo selo Polydor, da Philips, do primeiro disco de Nelson Ned, o "cantor-anão com voz de gente grande". Era um compacto duplo, um disquinho de sete polegadas de diâmetro, com duas faixas de cada lado do vinil: "Eu sonhei que tu estavas tão linda" (Lamartine Babo e Francisco Matoso) e "Por onde eu vou" (Catulo de Paula e Antônio Carlos de Sousa e Silva) de um lado, e "Prelúdio à volta" (Osmar Navarro) e "Melodias do céu" (Haroldo Eiras e Di Veras) do outro. O compacto não foi um sucesso de vendas, mas as reportagens sobre Nelson e suas participações em programas de rádio e TV atraíam a atenção do público, e a Philips decidiu investir no jovem cantor e bancar a produção de um long play, um disco de doze polegadas que trazia, geralmente, de oito a doze faixas, metade em cada lado do vinil. Exatamente um ano depois, em setembro de 1964, saiu o primeiro LP de Nelson Ned, também pela Polydor. O nome do disco repetia o título da reportagem da revista *O Cruzeiro*, publicada no ano anterior: *Um show de noventa centímetros*. Na capa, Nelson aparecia de smoking, de corpo inteiro, ao lado de uma fita métrica. Quando Ismael Correa, diretor da Philips, informou o nome do disco, Nelson protestou: "Mas eu já tenho mais de um metro!". Correa disse: "Quanto menor você parecer ao público, melhor será para sua promoção".

Capa do LP Um show de noventa centímetros.

Um show de noventa centímetros trazia doze canções de autores como Sergio Malta ("Poema em negro"), Sérvulo Odilon e Wilton Franco ("Um sol pra nós dois") e José Fabiano ("Coisas do passado"), além de músicas já tradicionais do repertório de Nelson, como "Eu sonhei que tu estavas tão linda", "Prelúdio à volta" e "Cantiga de ninar saudade". A voz de Nelson impressionava pela potência, mas ainda soava um tanto aguda e adolescente, fora de sintonia com as letras adultas e românticas do repertório.

Com o disco nas lojas, Nelson Ned começou a fazer divulgação. Acompanhado por Nilda Aparecida ao piano, se apresentou no programa de Chacrinha na tv Rio. O Velho Guerreiro soube de Nelson por indicação de Nilo Amaro, líder do grupo Os Cantores de Ébano, e imediatamente se encantou com o menino. Mestre em atrair a atenção do público, Chacrinha colocou Nelson de pé em cima de uma mesa: "E agora, com vocês, o maior cantor pequeno do mundo... Nelson Ned!". Nelson cantou "Prelúdio para ninar gente grande (menino passarinho)", e o auditório veio abaixo. Na plateia, Nelson e Ned, pais de Nelsinho, vibraram ao vê-lo cantando no programa de um dos apresentadores mais famosos do país. Nessa época, a família D'Ávila Pinto havia se mudado de Belo Horizonte para uma pequena casa no bairro do Andaraí, no Rio, para ficar perto do primogênito.

Dias depois, Nelson Ned foi pela primeira vez a São Paulo se apresentar no programa *Hebe, Cynar e Simpatia*, na TV Paulista. "Ir a São Paulo, para mim, era a mesma coisa que ir a Milão, Roma ou Paris." De volta ao Rio, cantou para Paulo Gracindo no programa *Show é ODD*, da TV Rio, que ia ao ar aos domingos, às dezenove horas. Naquela noite, Paulo Gracindo criou para Nelson um apelido que o acompanharia pelo resto da vida: "Apresento a vocês... Nelson Ned... o Pequeno Gigante da Canção!".

Nelson Ned se apresenta no programa Hebe, Cynar e Simpatia, *na TV Paulista, apresentado por Hebe Camargo.*

Um show de noventa centímetros foi bem recebido pela crítica. O jornal *Correio da Manhã* elogiou Nelson, mas criticou a escolha do repertório: "Esse artista já demonstrou a força de seus atributos vocais e interpretativos, arrebatando auditórios cariocas. Todavia, neste seu primeiro LP, bem poderia ter sido melhor cuidado o repertório, no qual apenas poucas composições estão à altura de seu valor". O mesmo veículo que, quando anunciou os vencedores do Prêmio Cidade de São Sebastião do Rio de Janeiro, concedido em parceria com a Secretaria de Educação e Cultura do Rio aos melhores artistas do ano, escolheu Nelson Ned como "Revelação de Cantor Popular" de 1964. Em 13 de dezembro daquele ano, numa festa de gala no Theatro Municipal do Rio de Janeiro, Nelson Ned se apresentou ao lado de pesos-pesados da música nacional, como Dalva de Oliveira, Zimbo Trio, Jair Rodrigues e Tom Jobim. Acompanhado pela orquestra do respeitado maestro Lindolfo Gaia, cantou "Eu sonhei que tu estavas tão linda" e, segundo relatos, terminou aplaudido de pé. Apesar do triunfo do cantor no Municipal de São Paulo e da boa repercussão na imprensa, o LP não vendeu quase nada. E Nelson foi despedido pela Philips.

A baixa vendagem do LP *Um show de noventa centímetros* deixou Nelson deprimido. Em meados dos anos 1960, sua carreira estava a perigo. O fato de ser um cantor com nanismo já não era uma novidade para a imprensa, e Nelson passou a ter cada vez mais dificuldade para conseguir shows. Sem gravadora nem disco para divulgar, fazia apresentações esporádicas em pequenas casas noturnas e clubes sociais. Uma notinha no jornal *Última Hora* do Rio de Janeiro citava um show realizado no Várzea Clube, em Teresópolis, em que Nelson abriu a apresentação de uma menina de dez anos que declamava poesias. Um dos raros momentos de brilho da carreira do cantor nesse período aconteceu em 1965, quando ficou em segundo lugar, empatado com Altemar Dutra, num concurso de composições realizado no Clube Hebraica, no Rio de Janeiro. Nelson cantou "Prelúdio à volta", de Osmar Navarro, e Altemar concorreu com "Poema do amor maior", de Romeu Nunes e Carlito. A vencedora foi Elizeth Cardoso, "A Divina", com "Alma em serenata", composta pelo filho, Paulinho Valdez.

Nelson Ned sentia que seu estilo romântico e bolerista estava cada vez mais fora de moda, especialmente depois da explosão da bossa nova, com suas canções sussurradas e intimistas, e do surgimento da Jovem Guarda, um movimento musical jovem e calcado em versões em português de hits do pop norte-americano, britânico e italiano. A Jovem Guarda revelou Roberto Carlos, Erasmo Carlos, Wanderléa, Wanderley Cardoso e outros ídolos da juventude. Nelson, mais jovem que todos eles, até que tentou se adequar às novidades musicais do período, incorporando aos shows sucessos de Chris Montez ("Let's Dance") e dos Beatles, mas nunca teve a menor chance na Jovem Guarda. "Nunca cantei em programas da Jovem Guarda. Por quê? Por discriminação", disse Nelson. "Eles se fechavam em um grupo em que só tinha vez o cantor galã, o garoto bonitinho, Bobby de Carlo, Ed Wilson. Não me deram nenhuma chance." Deprimido, Nelson chegou a cogitar fazer um concurso público e abandonar a carreira de cantor. Felizmente, um personagem importante da cena musical brasileira veio em seu auxílio: Chacrinha.

Em 1965, o Velho Guerreiro comandava o programa *Discoteca do Chacrinha* na TV Rio e ia semanalmente a São Paulo fazer *A Hora da Buzina* na TV Excelsior. Chacrinha costumava sugerir músicas para Nelson cantar em suas cada vez mais raras apresentações na TV e presenteou o cantor com um compacto de "Que c'est triste Venise" (1964), sucesso na voz do francês Charles Aznavour. "Leva o disco pra casa, aprende a música e, quando você achar que já a domina bem, volta pra cantá-la no meu programa."

Nelson tomou gosto pelo repertório pop internacional e, além de hits franceses, passou a cantar na TV sucessos em italiano, como "Una casa in cima al mondo", de Pino Donaggio, e em inglês, como "America", de Trini Lopez.

Chacrinha ia a São Paulo gravar o programa na TV Excelsior e frequentemente convidava Nelson Ned para acompanhá-lo. O apresentador fazia questão de que Nelson ficasse no mesmo hotel que ele, o Danúbio, na Bela Vista. Também pagava jantares em cantinas italianas, como a Gigetto, no centro, e o apresentava a radialistas e executivos de gravadoras. "Ele foi como um pai para mim", diz Nelson, "um homem muito respeitador, carinhoso, que acreditou no meu talento." Chacrinha gostava tanto de Nelson que não se importava em recomendá-lo para programas concorrentes, como o *Show em Simonal*, da TV Record, apresentado pelo cantor Wilson Simonal. Também vivia elogiando Nelson na imprensa. Uma reportagem publicada em 1966, na revista *Intervalo*, mostra Chacrinha levando Nelson para visitar a redação, acompanhado também por Moracy do Val, um jornalista e produtor cultural que, anos depois, lançaria a banda Secos & Molhados.

As viagens a São Paulo serviram para que Nelson Ned conhecesse melhor a cena de bares e boates do Centro. Por intermédio de Chacrinha, ele se apresentou em algumas das casas mais conhecidas da chamada "Boca do Luxo", nas imediações da praça Roosevelt, como Club de Paris, Dakar, La Vie en Rose, Michel e La Ronde. Mas foi um encontro no Rio de Janeiro, ainda em 1966, que selaria a mudança do cantor para São Paulo: nos bastidores de um programa de TV, Nelson foi apresentado a Genival Melo, um empresário paraibano que comandava a carreira de Wanderley Cardoso, um cantor de 21 anos que estava estourado com a música "Preste atenção". Genival conhecia Nelson de programas de rádio e TV e disse que estava procurando repertório para um novo LP de Wanderley. Nessa época, Nelson já se arriscava a compor al-

gumas canções próprias. Genival perguntou se ele não tinha alguma música para Wanderley gravar. "Cantei para eles 'Camarim',
eles ficaram doidos por ela. Genival propôs: 'Se você nos der essa
música, nós lhe ajudaremos em sua carreira profissional'. [...] E foi
assim que passei a fazer parte do elenco do Genival Melo."

A história do primeiro encontro entre Nelson Ned e Genival
Melo foi recontada inúmeras vezes pelos dois. Nelson, no entanto, cometeu um engano ao descrever a cena: a canção que ele deu
para Wanderley Cardoso não foi "Camarim", mas "Sozinho na
multidão", escrita em parceria com o compositor José Fabiano. A
música foi lançada em agosto de 1966, no terceiro LP de Wanderley, *Juventude e ternura*. "Sozinho na multidão" foi a primeira
música de Nelson Ned a ser gravada e traz alguns temas que ele
exploraria a fundo em suas letras, como o amor não correspondido, a solidão e a tristeza:

> *Veja bem*
> *Você que está*
> *A me pedir amor*
>
> *Também sou apaixonado*
> *Por alguém que não me quer*
> *Estou sozinho na multidão*
> *A procurar um coração*

Quando conheceu Nelson Ned, Genival Melo já era um veterano da indústria do disco. Na década de 1950, assinou algumas
canções e trabalhou como divulgador para as gravadoras Copacabana, Mocambo e Continental. É considerado um dos pioneiros no ramo de divulgação de artistas. Genival tinha trânsito livre
e ótimos relacionamentos em TVs, rádios, jornais e revistas. Mas
sua carreira mudaria em 1964, quando descobriu o galã Wander-

ley Cardoso, então com dezenove anos. Wanderley havia estreado em disco aos catorze, cantando "A canção do jornaleiro" em um LP do sanfoneiro Mário Zan, mas estava desiludido com a carreira musical e trabalhava na seção de contabilidade de uma fábrica. Foi Genival Melo que o convenceu a não desistir da carreira de cantor. Dois anos depois, Wanderley já era um artista famoso, e Genival, um empresário musical respeitado. Com o sucesso do pupilo, Genival conseguiu, nos anos seguintes, reunir um dos elencos mais famosos entre os empresários musicais brasileiros, comandando a carreira de Antônio Marcos, Claudio Fontana, Agnaldo Timóteo, Vanusa, Moacyr Franco e Carmen Silva. A esse grupo estrelado juntou-se Nelson Ned.

Contratado por Genival Melo, Nelson decidiu se mudar para São Paulo. A cidade tinha uma vida noturna vibrante, muitas boates e oportunidades de trabalho. Na Grande São Paulo ficava a gravadora Copacabana, com a qual Genival Melo tinha uma relação muito próxima. A Copacabana e a Continental, com sede na capital paulista, eram grandes gravadoras brasileiras que lançavam discos de forte apelo popular. Entre os artistas do elenco da Copacabana no fim dos anos 1960 estavam Moacyr Franco, Agnaldo Rayol, Elizeth Cardoso, Ângela Maria, Wanderley Cardoso e Waldick Soriano.

Sem dinheiro para alugar um apartamento, Nelson foi morar com dois amigos cantores que conhecera ainda em Belo Horizonte: Djalma Lúcio e Raimundo José. Djalma Lúcio era baiano, mas se mudara para Minas Gerais aos seis anos. Conheceu Nelson em 1962, num programa de rádio na capital mineira. Os dois perderam contato depois que Nelson se mudou para o Rio, mas se reencontraram em 1964, na sede da Philips/ Polydor. Djalma havia sido contratado pela gravadora e estava no Rio de Janeiro preparando seu primeiro LP, *Uma ternura em cada abraço*, quando deu de cara com Nelson, que lançava, pelo mesmo selo, *Um show de noventa centímetros*: "Ué, Nelsinho, o que você está fazendo aqui?". Os dois se abraçaram e fizeram a maior festa.

Djalma trocou o Rio por São Paulo em 1966, atrás de mais oportunidades de trabalho. Alugou um pequeno apartamento de um quarto na rua Acaraú, no bairro da Bela Vista, e começou a cantar em boates da Boca do Luxo. Logo depois, chamou o amigo Raimundo José, que continuava em Minas, praticamente esquecido. Djalma contou a Raimundo que São Paulo tinha um bom campo de trabalho, e Raimundo resolveu juntar-se a ele na capital paulista. Mas não foi sozinho: levou a mãe, dona Raimunda, que não quis ficar longe do único filho. Quando Nelson Ned chegou a São Paulo, a solução foi se apertar para acomodar todo mundo no pequeno apartamento: Raimundo José, Djalma Lúcio e Nelson Ned dividiram o único quarto, enquanto dona Raimunda dormia no sofá da sala. Nelson e Djalma dormiam na mesma cama.

A vida era dura: Nelson, Djalma e Raimundo chegavam a cantar em três ou quatro boates por noite, em shows de uma hora de duração, em média. Começavam por volta de onze horas da noite e terminavam às quatro ou cinco da manhã, saindo das boates com o dia clareando. Naquela época, cada casa tinha seu conjunto, geralmente formado por músicos experientes e que sabiam de cor o repertório preferido do público: boleros, serestas, música norte-americana, italiana e francesa. A Jovem Guarda estava no auge, e o público também pedia os hits do pop nacional e internacional. Um cantor ou uma cantora da noite precisava conhecer um repertório imenso e eclético.

Quase toda semana, Nelson encontrava Chacrinha, que em 1967 foi contratado pela TV Globo e vinha semanalmente a São Paulo gravar o programa *Discoteca do Chacrinha*. O apresentador sempre ajudava Nelson com um dinheirinho: "Nelson, seu sapato tá furado, e você não pode cantar com um sapato cheio de furos. Toma esse dinheiro e vai comprar um sapatinho novo". Nas andanças pela noite paulistana, Nelson conheceu vários músicos que o acompanhariam por muitos anos. Um deles foi Raymundo Vigna, um baterista dois anos mais novo que Nelson, que deixara Santos, onde tocava rock 'n' roll em inferninhos na região do cais, para tentar a carreira em São Paulo. Com Nelson, Vigna aprendeu o repertório de boleros e serestas que o público gostava de ouvir no fim da noite. Eles tocaram juntos em boates como Michel, Le Masque, La Ronde e Galo de Ouro, e passaram incontáveis noites bebendo e se divertindo na região da praça Roosevelt e ruas Bento Freitas e Major Sertório. Nelson costumava entrar às três da manhã, depois da apresentação do ventríloquo Don Facundo.

Outro músico que acompanhou Nelson nas boates foi o pianista e arranjador Aluízio Pontes, um veterano que havia tocado com Tito Madi, Agostinho dos Santos, Adoniran Barbosa e Elizeth Cardoso. Pontes acompanhava Nelson em bolerões clássicos, como "El reloj" e "La barca". Naquela época, muitos músicos da noite moravam em pensões nas proximidades das boates. Uma das mais populares era a Pensão Adriana, na rua Major Sertório, onde Nelson dormia de vez em quando. Na pensão, Pontes dividiu quartos com Taiguara, Milton Nascimento, Nenê (o baterista Realcino Lima Filho, que tocou com Hermeto Pascoal e Elis Regina), Zé Catarina (pianista que tocou com Cauby Peixoto e Noite Ilustrada) e Lanny Gordin (guitarrista que teria um papel fundamental na Tropicália, gravando discos de Gal Costa, Caetano Veloso e Gilberto Gil). Como não tinham dinheiro para pagar a diária inteira, o jeito era revezar: Pontes deitava às sete horas da manhã e dormia até uma da tarde, quando chegava Taiguara, que dormia à uma da tarde e levantava às sete horas da noite para tocar.

Os músicos dormiam na Pensão Adriana e costumavam jantar nas boates em que se apresentavam. Durante o dia, as refeições eram feitas no boteco de um português, que ficava ao lado da pensão. Pontes se lembra de um Natal em que a dureza era tanta que ele não teve opção senão apelar ao instinto paternal do lusitano: "A gente estava devendo uma nota preta pro português. Eu cheguei no bar e pensei: esse português vai me xingar pra caramba. Ele olhou pra mim e disse: 'O que tu queres aqui?'. Eu olhei com uma cara triste e falei: 'Só vim desejar pro senhor um feliz Natal'. Ele parou de limpar o copo e disse: 'Vocês não têm família, não?'. Eu disse que nossa família eram os músicos que moravam na pensão. 'E vocês não viajaram pra ver seus pais?' 'Não.' 'Vocês não têm com quem passar o Natal?' 'Não.' 'Então convida todo mundo e vamos lá pra minha casa!' Eu voltei correndo pra pensão, chamei o Nenê, o Milton [Nascimento], o Nelsinho, e disse: 'Olha, vamos com calma, vai ter churrasco, essas coisas, mas não comam tudo de uma vez, ou vocês vão morrer'".

Nelson Ned logo se habituou à vida boêmia. Passava as noites pulando de boate em boate, cantando e ganhando cachês miseráveis, que invariavelmente gastava com farras e mulheres. Seu parceiro mais frequente nas noitadas era Djalma Lúcio, mas a concorrência era desleal: Djalma era alto e moreno, tão bonito que acabou contratado por Silvio Santos para o programa *Os Galãs Cantam e Dançam aos Domingos*, junto a Wanderley Cardoso, Antônio Marcos, Claudio Fontana, George Freedman e Paulo Sérgio (Djalma depois trabalharia por dezesseis anos com Silvio Santos no programa *Qual É a Música?*). Djalma percebeu que Nelson sofria demais quando era rejeitado por alguma mulher, o que acontecia com frequência. Uma noite, Nelson se engraçou com uma moça num bar: "Djalma, olha aquela gata que está olhando pra mim". Nelson convidou-a para sair, mas a mulher estava de olho era em Djalma: "Seu amigo vai também?", perguntou a mulher. Nelson ficou arrasado: "Por que ela não me quis?". Djalma tentou consolar o amigo: "Nelsinho, ela não quer, é direito dela, deixa pra lá, tem muitas mulheres por aí, não fica chateado". Mas ele ficava.

Nelson Ned cantava em boates à noite e, durante o dia, visitava gravadoras para mostrar suas músicas. Era comum, naquela época, ver cantores e compositores na sala de espera de gravadoras, buscando encontrar um diretor ou produtor musical do selo e tentando emplacar um disco próprio ou, pelo menos, uma música no disco de outro intérprete. Numa dessas incursões, Nelson encontrou George Freedman, um cantor alemão que chegara ao Brasil ainda criança e se tornara um dos pioneiros do rock no país, lançando sucessos como "Adivinhão" (1961), composto por Baby Santiago e Tony Chaves. Nelson e George haviam se encontrado em programas de TV e se admiravam, mesmo que seus estilos fossem tão diferentes. "Qualquer dia, eu escrevo um rock pra você gravar", disse Nelson. "Escreve que eu gravo", respondeu George. Algumas semanas depois, Nelson procurou George e lhe mostrou a canção "Meu tipo de garota". Era um iê-iê-iê ingênuo e dançante, totalmente em sintonia com os sons escapistas e divertidos da Jovem Guarda:

Você é o tipo da garota que é meu tipo
Feitinha assim, sob medida, para mim
Coisinha igual nesse mundo não se vê
Eu agradeço ao céu por conhecer você

Mas, quando eu a vi, pensei que fosse acordar
Parecia que eu estava sonhando
Me amarrei nesse jeitinho de você me olhar
Estou perdido, pois estou gamando

Você é o tipo da garota bacaninha
Uma visão, uma coisinha genial
Você parece até que é uma gatinha
E eu estou doido para ouvir o seu miau

George adorou a música e a gravou no fim de 1967, num compacto simples que tinha, do outro lado, "Uma dúzia de rosas", de Carlos Imperial. Dois meses depois, a RCA lançou um LP de George Freedman que trazia, além de "Meu tipo de garota", outra canção de Nelson, "O que houve com você", composta em parceria com Eliane Barroso. "O que houve com você" era uma balada melancólica e com uma letra sobre um amor não correspondido. Versos como "Pois eu não sou de brinquedo/ Também tenho coração" parecem bem mais conectados à sensibilidade de Nelson Ned do que a letra ingênua de "Meu tipo de garota":

Como eu gostaria de saber
O que houve com você
Se você já me esqueceu
Se seu amor ainda é meu

Você está tão mudada
Vive sempre tão calada
Já nem olha mais pra mim

Não me venha com segredos
Pois eu não sou de brinquedo
Também tenho coração

Naquela época, Freedman era um cantor famoso, enquanto Nelson ainda era um novato desconhecido. Tanto que foi creditado, na contracapa do LP de Freedman, como "Nelson Ed".

Em agosto de 1967, Nelson estava na redação da revista *Intervalo* quando encontrou o cantor norte-americano Chris Montez, que estava no Brasil para uma temporada de shows e apresentações de TV. Montez fazia grande sucesso no país com canções como "Sunny" e "The More I See You". Segundo a revista, o empresário de Montez havia conhecido Nelson meses antes, quando esteve no Brasil acompanhando o cantor Jimmy Fontana, e teria convidado o brasileiro para fazer uma temporada em Caracas. "Não fui porque o tutu era curto", disse Nelson à *Intervalo*. A revista informou: "Seu plano, se tudo der certo em Caracas, é dar uma esticadinha até Los Angeles, onde [Nelson] pretende encontrar-se com Chris Montez, que se tornou seu amigo".

A viagem aos Estados Unidos ainda demoraria alguns anos, mas, no fim de 1967, Nelson faria sua primeira apresentação fora do Brasil, quando foi convidado pelo maestro e empresário argentino Leonardo Schultz para ir a Buenos Aires cantar no programa de TV *Sábados Circulares*, apresentado pelo famoso Pipo Mancera. Nelson sabia da fama de Mancera e da grande audiência do programa. Era uma chance de ouro para impressionar o público e, quem sabe, conseguir fechar alguns shows na Argentina. Nelson preparou um repertório de clássicos internacionais: cantou, em italiano, "Il mondo", hit gravado por Jimmy Fontana, e interpretou duas canções em inglês que fizeram enorme sucesso na voz do britânico Matt Monro: "Yesterday", dos Beatles, e a música-tema do filme *From Russia with Love* [*Moscou contra 007*].

A apresentação na TV foi um triunfo. O público, impressionado com a imensa voz daquele cantor pequenino, o aplaudiu no meio das canções. Ao final de "From Russia with Love", todos estavam de pé. Leonardo Schultz parecia não acreditar no que via. O argentino imediatamente convidou Nelson para voltar ao país no ano seguinte e cantar na segunda edição do Festival Buenos Aires de la Canción. "Você tem alguma música sua para colocarmos no festival?", perguntou Schultz. "Tenho", disse Nelson. E mostrou uma canção inédita, que havia composto alguns meses antes: "Tudo passará".

3. Tudo passa

Capa do álbum Tudo passará.

Depois que Nelson emplacou canções em discos de Wanderley Cardoso e George Freedman, seu nome passou a ser mais falado em gravadoras e programas de rádio e TV. Produtores de discos começaram a procurá-lo pedindo músicas para outros intérpretes. No ano de 1968, três artistas do selo Copacabana gravaram compactos com canções de Nelson: Raimundo José ("Quero você de qualquer jeito" e "Saudades de você"), Jean Carlo ("Estou morrendo" e "Eu juro por Deus") e Ângela Maria, que gravou "Você não nasceu pra mim". Além de ser lançada em compacto, a canção foi incluída num LP de Ângela, chamado *A grande mentira*. Todas essas músicas falavam de amores impossíveis ou não correspondidos. Em 1968, o universo do compositor Nelson Ned parecia se resumir ao desejo por alguém que não o queria, e os sentimentos dele eram tão fortes que a rejeição poderia levá-lo à morte. "Quero você de qualquer jeito" diz:

Eu não sei como é possível alguém gostar tanto assim
Eu não sei como é possível alguém amar igual a mim
Eu acho que eu até posso morrer
Se você não me atender ou me esquecer

"Você não nasceu pra mim" segue a mesma toada melodramática:

Não adianta insistir nem tentar
Seu amor vai me matar
Tudo na vida tem seu fim
Você não nasceu pra mim [...]
Não devemos mais continuar
Pois eu não quero morrer

Um título que não deixava muita margem a interpretações era "Estou morrendo", música gravada por Jean Carlo:

Já não suporto mais ficar beijando o seu retrato
Não consigo mais ficar sozinho em meu quarto
Por favor, não me mande embora

As letras de Nelson Ned, nessa fase inicial da carreira de compositor, traziam versos de alta carga dramática, mas que não fugiam dos clichês românticos mais banais. Eram versos comuns, genéricos, que não se diferenciavam dos textos de incontáveis discos gravados toda semana no Brasil, país em que a música romântica sempre comandou as paradas de sucesso. Até que, em 1968, ele mostrou duas músicas para o amigo Chacrinha, e o Velho Guerreiro gostou tanto das canções que convenceu a gravadora Chantecler a investir num compacto de Nelson. Era a primeira gravação do cantor desde o LP *Um show de noventa centímetros*, lançado quatro anos antes, e a primeira vez que ele interpretava composições próprias. Num lado do compacto, Nelson gravou "Me ensine a viver sem você", uma balada pouco inspirada e de versos simplórios:

Vou apenas me fazer uma pergunta, só uma
Como é que eu vou fazer prà viver sem você?
Como foi triste a hora em que eu compreendi, enfim
Foi amizade o que você sentiu por mim
Até logo, seja feliz, mas não saia sem ensinar
Uma maneira para eu conseguir viver sem você

Porém, a canção do segundo lado do compacto era uma joia: "Tamanho não é documento", letra de Nelson e música de Hamilton Gouveia, um amigo do Rio de Janeiro que vivia paquerando Ned Helena e Nélia e que tocava violão muito bem. "Tamanho não é documento" não era a primeira letra autobiográfica de Nelson Ned, mas foi a primeira em que ele abordou, de forma clara, a questão do nanismo. Nos versos, Nelson se dirige a uma pessoa que o rejeitou, e a rejeição, diz a letra, ocorreu pelo fato de Nelson ser "pequeno". Ele começa a canção quase num sussurro, como se ainda tivesse esperança de ser aceito:

Você vive sempre a brincar comigo
Pode judiar de mim, que eu nem ligo
Sou pequeno, mas meu coração é grande
Bem maior do que o seu
Que já não cabe mais ninguém

Quando chega ao refrão, Nelson parece ter perdido a esperança de ser aceito. Ele muda o tom emotivo da interpretação, passando do lamento à raiva, da subjugação ao ódio pelo preconceito sofrido. O cantor descarrega toda a sua frustração e canta com a dor de mil noites solitárias:

Tamanho não é documento
Pelo menos tenho sentimento
Mas isso, isso é coisa que você não tem

Contudo, nada prepara o ouvinte para o próximo verso, uma declaração de princípios em que Nelson diz não ter complexo de seu nanismo e que sua altura não o torna menos humano:

Não me importo só por não ter crescido
Nada perco em ter nascido tão pequenino
Sou pequeno, mas sei que meu Deus é grande
E para ele eu também sou
Igualzinho a você

É uma interpretação magistral, um tour de force autobiográfico e confessional como poucas vezes se ouviu na música do Brasil — ou de qualquer lugar. E Nelson Ned tinha só 21 anos.

O compacto não vendeu bem, mas Genival Melo, impressionado com a força das canções de Nelson, fechou um contrato entre o cantor-compositor e a gravadora Copacabana. Ainda em 1968, Nelson Ned estreava pela Copacabana com um compacto que trazia outra música marcante: "Camarim". É uma de suas letras mais tristes, em que Nelson contrapõe a alegria de ser adulado pelo público com a solidão de sua vida particular:

Outra vez estou tão só
Dentro do meu camarim
O meu show já teve fim

O teatro está vazio
A plateia já se foi
Agora, então, eu vou chorar

Pois eu não posso gritar
Para o público escutar
Que eu sou a solidão

Que vontade de dizer
Aos que gostam de me ouvir
Como eu sou tão infeliz

Cada vez que eu vou cantar
Para toda a multidão
É que sinto que estou só
Que vivo só, sem ter ninguém
No camarim a me esperar

Ângela Maria, impactada pela beleza da canção, decidiu gravá-la no álbum *Angela em tempo jovem*, que sairia em 1969. Doze anos depois de Nelson Ned lançar "Camarim", Chico Buarque gravaria "Bastidores", música de temática semelhante.

Com a boa repercussão de "Camarim", Nelson passou a receber mais atenção de Genival Melo. À época, Genival dedicava a maior parte do tempo cuidando de seus artistas mais populares — Wanderley Cardoso, Agnaldo Timóteo e Moacyr Franco — e preparando dois jovens cantores-compositores em quem botava fé: Antônio Marcos e Claudio Fontana. No fim dos anos 1960, Genival Melo era um dos empresários musicais mais poderosos do país. Além de controlar a carreira de vários artistas famosos — ou em vias de se tornarem astros —, tinha grande influência nas gravadoras, especialmente na Copacabana, onde trabalhara como divulgador e diretor artístico. Genival era do tipo centralizador e gostava de decidir tudo sobre seus contratados: selecionava o repertório dos discos, orientava os artistas em entrevistas à imprensa e escolhia até a roupa que os cantores deveriam usar em programas de TV.

Wanderley Cardoso era o maior nome do elenco de Genival e estava estourado com seu quarto LP, *O bom rapaz*. Timóteo, quase nove anos mais velho que Wanderley, fazia imenso sucesso com o LP *Obrigado, querida*, que trazia o hit "Meu grito", composto por Roberto Carlos. Moacyr Franco tinha a mesma idade de Timóteo, havia se destacado na TV Tupi no fim da década de 1950, interpretando o Mendigo no humorístico *Praça da Alegria*, e depois apresentou programas de TV como *Show Doçura* e *Moacyr Franco Show*, em que Nelson cantou várias vezes.

O paulista Antônio Marcos era um cantor-galã em ascensão e havia acabado de lançar um compacto de sucesso com uma música de Roberto Carlos, "Tenho um amor melhor que o seu". Já Claudio Fontana havia se mudado do Maranhão para o Rio de Janeiro em 1965, tentando a sorte como cantor e compositor. Dois anos depois, conheceu Genival Melo em um programa de TV apresentado por Jair de Taumaturgo. Genival passou a empresariar Claudio, trouxe-o para São Paulo e colocou quatro músicas do jovem compositor no LP *O bom rapaz*, de Wanderley Cardoso, incluindo o sucesso "Doce de coco".

Quem conheceu Genival Melo o descreve como um trabalhador incansável, que defendia seus artistas com afinco, mas que pecava pela desorganização e era um tanto desleixado com questões de dinheiro e contratos. Tinha um bom humor contagiante. Adorava piadas pesadas e camisas floridas. Era gay assumido e careca enrustido. Tentava esconder a calvície com perucas horríveis, que os contratados teimavam em arrancar de sua cabeça nos momentos mais impróprios. Quando acompanhava um artista a uma cidade ou estação de rádio, costumava apostar que conseguiria transar com o homem mais atraente do lugar: "Hoje eu vou comer *aquele ali*!", dizia, apontando para algum garçom ou funcionário de emissora. Não eram raras as vezes em que ganhava a aposta.

O poder de Genival Melo sofreu um baque considerável quando seu maior astro, Wanderley Cardoso, rompeu com ele depois de uma discussão sobre dinheiro. "Minha firma, Wanderley Cardoso Produções, teve mais de 32 títulos protestados na praça", disse o cantor à revista *Manchete*, "quase perdi a casa em que morava por falta de pagamento. Foi justamente este problema financeiro que determinou a minha separação do Genival Melo [...]. Decidimos fazer a partilha dos bens que restavam. Fiquei com uma casa e ele, com um apartamento que tínhamos."

Esse apartamento era imenso e ocupava um andar inteiro na avenida Higienópolis, em Higienópolis, bairro chique da região central de São Paulo. Genival aproveitou o imóvel vago e transformou-o numa espécie de quartel-general de sua produtora: mudou-se para lá e hospedou também seus artistas mais jovens, para poder controlar melhor os horários de shows e entrevistas. "Aquilo não era um apartamento, era uma cidade, um negócio imenso, grandioso", diz Claudio Fontana. "O Antônio Marcos era o mais bonito, o galã da turma, e tinha um quarto só dele. Todas as benesses eram para ele. Eu era o magrelinho do Maranhão, e o Nelson Ned era o feio pequenininho. O último quarto daquele apartamento tinha duas caminhas de solteiro. Ficamos ali Nelsinho e eu. E Genival dizia: 'Eu vou estourar vocês três'. E estourou mesmo."

Os quatro — Genival Melo, Antônio Marcos, Claudio Fontana e Nelson Ned — passaram a morar juntos no apartamento. E foi lá que, em outubro de 1968, Genival organizou um almoço para receber o cantor mais famoso do Brasil: Roberto Carlos. O que parecia um simples encontro de confraternização entre amigos, na verdade era mais uma das incontáveis jogadas publicitárias criadas por Genival para divulgar seus artistas. Com a presença

Da esq. para a dir.: Antônio Marcos, Genival Melo (de pé), Roberto Carlos, Nelson Ned, o baterista Dedé e Moacyr Franco.

de um repórter e um fotógrafo da revista *Intervalo*, o empresário colocou alguns nomes de seu elenco para mostrar músicas ao "Rei", que preparava então um novo disco, o primeiro depois de sua saída do programa de TV *Jovem Guarda*. Antônio Marcos e Claudio Fontana estavam lá. Moacyr Franco chegaria depois. E Nelson Ned, o caçula da turma de Genival, também foi incluído no convescote.

Roberto Carlos chegou por volta do meio-dia, acompanhado da esposa, Nice, e do baterista Dedé. O "Rei" pegou o violão e mostrou algumas canções inéditas, como "Se você pensa", "É meu, é meu, é meu" e "As canções que você fez pra mim", que entrariam no próximo LP de Roberto, disco que marcaria a transição do astro da Jovem Guarda para a música romântica. Todos ouviram as músicas com atenção e elogiaram as novas composições de Roberto. Depois, os "meninos do Genival", como os três jovens passariam a ser chamados, mostraram músicas próprias: Nelson Ned cantou "Camarim", que havia acabado de lançar em compacto; Claudio Fontana apresentou "Estou amando uma garota de cor"; e Antônio Marcos contribuiu com "E não vou mais deixar você tão só". Roberto ouviu atentamente, elogiou as músicas e as interpretações dos três, mas gostou mesmo da canção de Antônio Marcos e prometeu incluí-la em seu próximo disco. E o "Rei" cumpriu a promessa: quando o LP *O inimitável* foi lançado, no fim de 1968, "E não vou mais deixar você tão só" abria o disco. Foi a canção que alçou Antônio Marcos à fama em todo o país.

Em 10 de novembro de 1968, Nelson embarcou novamente para Buenos Aires, onde cantaria na finalíssima do Festival Buenos Aires de la Canción, interpretando "Todo pasará", versão em espanhol de "Tudo passará". Assim que chegou à capital argentina, encontrou-se com o maestro Leonardo Schultz para ensaiar com a orquestra e se preparar para o evento, que começaria dois dias depois no Teatro San Martín. "Tenho algo para mostrar pra você", disse Schultz, sacando uma cópia do LP *Matt Monro canta en español*, lançado pela Capitol Records do Chile. Nelson quase caiu de costas: entre versões em espanhol de hits em inglês como "Can't Take My Eyes off You" ("No puedo quitar mis ojos de ti"), sucesso na voz do norte-americano Frankie Valli, e "Those Were the Days" ("Que tiempo tan feliz"), gravado pela britânica Mary Hopkin (e produzido por Paul McCartney), estava "Todo pasará". Era a quinta música do lado A.

Para um compositor iniciante como Nelson, ter uma música num disco de Matt Monro era uma honraria surpreendente. Conhecido como "O Homem da Voz de Ouro", o inglês Monro era um astro internacional e um dos cantores prediletos de Frank Sinatra. "Se eu tivesse de escolher os três melhores cantores da indústria musical, Monro seria um deles", disse Sinatra. "Sua afinação é irretocável, a enunciação das palavras, perfeita em todas as letras, e sua compreensão de uma canção é total." A gravação de Monro para "Born Free", música da trilha sonora do filme homônimo (no Brasil, chamado de *A história de Elsa*), composta em 1966 por John Barry (autor de trilhas sonoras de onze filmes de James Bond) e com letra de Don Black (letrista de sucessos de Lulu e Michael Jackson e colaborador de Andrew Lloyd Webber e Henry Mancini), ganhara o Oscar de melhor canção original.

Mas a alegria de Nelson durou apenas alguns segundos. Assim que olhou a contracapa, surpreendeu-se ao ver que "Todo pasará" estava creditada apenas a "L. Schultz". "A música é minha!", esbravejou. Schultz acalmou o cantor, dizendo que eles iriam "fazer uma jogada" com a música. "Eu, por ser um garoto de 21 anos, inexperiente, ingênuo, fiquei calado", diria depois o brasileiro, ao recordar a cena. "Quando chegou a noite da grande final, diante do teatro superlotado, com toda a imprensa da Argentina presente, rádio, televisão, cantei outra vez o meu grande sucesso 'Tudo passará'. Iniciei a música e, quando comecei a cantar a segunda es-

O compacto de "Todo pasará", gravado por Matt Monro, com a autoria creditada ao argentino Leonardo Schultz.

trofe, o auditório começou a me aplaudir. Quando terminei de cantar, o auditório estava todo de pé, pedindo bis. O maestro repetiu a música, e tornei a cantar. Eu não sabia que em um festival você não pode repetir uma música. Fui automaticamente desclassificado [...]. Na hora de anunciar a classificação, o locutor falou: 'Por haver repetido a canção 'Tudo passará', Nelson Ned está desclassificado'. O povo vaiou de pé. Eu saí dali como o ganhador moral."

As notícias sobre o festival, veiculadas nos principais jornais argentinos, corroboram a história de Nelson: em 14 de novembro de 1968, o jornal *Clarín*, sob o título "O festival teve um nome: Nelson Ned", publicou:

O Festival Buenos Aires de la Canción não trouxe grandes surpresas, com exceção da revelação do talento indiscutível do pequeníssimo cantor brasileiro Nelson Ned [...]. Alguns concorrentes reclamaram que a canção ("Todo pasará") se destacou unicamente devido à grande qualidade do diminuto intérprete brasileiro (80 centímetros) e que isso constituía "um golpe desleal por parte dos organizadores". Foi a primeira vez que um intérprete se queixa porque outro é melhor.

No dia seguinte, o *Clarín* voltou a escrever sobre a desclassificação do brasileiro: "Eliminado da competição, o diminuto Nelson Ned recebeu o delirante aplauso de toda a sala, que pedia sua inclusão na finalíssima". Com a eliminação de "Todo pasará", o prêmio máximo da noite foi para a canção "No es un juego el amor", interpretada pelo cantor argentino Daniel Riolobos. Assim que o prêmio foi anunciado, o público começou a vaiar: "O anúncio do vencedor não foi suficiente para normalizar o ambiente quente da noite", escreveu o jornal *La Nación*.

Nelson Ned foi o "campeão moral" do festival, mas quem lucrou mesmo foi Leonardo Schultz. "Todo pasará" foi um sucesso tão grande na Argentina que a gravadora Capitol imediatamente pôs na praça um compacto duplo de Matt Monro que incluía a canção. Agora, a música de Nelson, que no LP lançado meses antes no Chile era apenas a quinta do lado A, abria o compacto e tinha destaque na capa: "Matt Monro canta en castellano: 'Lo que quedó', 'Todo pasará' (del 2º Festival Buenos Aires de la Canción)". O vencedor do festival, Daniel Riolobos, também lançou um compacto cantando "Todo pasará". Nos dois discos, a música tinha apenas um autor: Leonardo Schultz. Em abril de 1969, quando Matt Monro desembarcou no aeroporto de Ezeiza, em Buenos Aires, para sua primeira turnê argentina, Schultz traduziu a entrevista do cantor inglês para a TV local. "Vamos pedir a Matt Monro que cante um trecho de seu grande sucesso, 'Todo pasará', letra e música de Leonardo Schultz", disse o repórter. Monro, que não sabia da confusão envolvendo a autoria da música, achou que a canção tinha grande potencial comercial na Europa e nos Estados Unidos e pediu ao famoso letrista Don Black, seu parceiro habitual, para traduzir a letra para o inglês. Em 1969, a gravadora Capitol lançou na Inglaterra um compacto simples com "All of a Sudden", versão em inglês de "Tudo passará". O rótulo do disco dizia: "Escrita por Don Black e Leonardo Schultz".

O "rapto" de "Tudo passará" por Leonardo Schultz poderia ser apenas mais um entre tantos casos de apropriações indevidas de canções. Na história da música, processos por plágio e roubo são muito comuns. O que Leonardo Schultz não sabia era que, oito meses antes de cantar "Todo pasará" em Buenos Aires, mais especificamente no dia 8 de março de 1968, Nelson Ned havia passado na Editora Irmãos Vitale, em São Paulo, e registrado "Tudo passará".

Nelson Ned sempre citava duas grandes paixões para explicar o que inspirou "Tudo passará": Eliciane, a namoradinha de adolescência que recusou seu amor para ficar com Fernando, o estudante de medicina peruano, e Andreia, uma "cantora da noite" que Nelson conheceu em São Paulo. Cada amigo e parente de Nelson Ned tem uma versão diferente sobre a gênese da canção, e pelo menos sete pessoas entrevistadas para este livro disseram ter presenciado Nelson compondo a música.

A versão mais plausível é a de Raimundo José. O cantor diz que Nelson escreveu "Tudo passará" no banheiro do pequeno apartamento que os dois dividiam com o cantor Djalma Lúcio e a mãe de Raimundo José, dona Raimunda, na rua Acaraú, no bairro da Bela Vista, em São Paulo. De fato, Nelson tinha por hábito compor no banheiro, tocando violão sentado no vaso. As irmãs se lembram dele, ainda no Rio de Janeiro, ocupando o banheiro por horas enquanto criava letras e melodias. De repente, elas ouviam um grito: "Corram, rápido, tragam um caderno e um lápis!". Dali a pouco, ele chamava as irmãs para conferir suas novas canções:

"Venham ouvir o que eu compus", e tocava para elas. Se Nelson, como ele mesmo afirma, mostrou "Tudo passará" a Leonardo Schultz em Buenos Aires no fim de 1967, a versão de Raimundo José ganha ainda mais força: nesse período, Nelson havia acabado de se mudar do Rio para São Paulo e estava morando no pequeno apartamento alugado por Djalma Lúcio.

Sobre a origem da letra, Raimundo José não tem dúvida: "Tudo passará" não foi inspirada por nenhum amor adolescente ou namorico com uma cantora, mas nasceu de um rápido romance com uma garota de programa. "Nelson era muito mulherengo e queria comer todo mundo", diz o cantor. "Ele saía com o Djalma Lúcio para pegar umas meninas e acabou conhecendo uma. Saiu com ela uma vez e se apaixonou. Acontece que a menina não quis mais transar com ele, queria o Djalma Lúcio, que era o galã, e o Nelson ficava deprimido com isso. Ele sofria com essas coisas." A solução para o mistério sobre a inspiração da letra pode estar no primeiro verso da canção, que corrobora a tese do romance fugaz: "Eu te dei meu amor por *um* dia":

> *Eu te dei meu amor por um dia*
> *E depois, sem querer, te perdi*
> *Não pensei que o amor existia*
> *E que também choraria por ti*
>
> *Mas tudo passa, tudo passará*
> *E nada fica, nada ficará*
> *Só se encontra a felicidade*
> *Quando se entrega o coração*

Em 1997, exatos trinta anos depois de compor "Tudo passará", Nelson revelou a verdadeira história por trás da canção: "A primeira moça pela qual eu me apaixonei em São Paulo, depois da Eliciane, foi uma menina que eu conheci numa boate da vida, menina lindíssima, o nome artístico dela, nome de guerra, era Andreia. Eu me apaixonei perdidamente por ela. Ela era uma menina de programa, eu detesto falar prostituta, ou meretriz, ela era uma menina de programa, embora, toda vez que ela fez amor comigo, ela nunca me cobrou. Eu tentei me aproximar da Andreia, trouxe ela pra casa, dei pra ela tudo, vesti ela do bom e do melhor, fui cantar no casamento da Martinha, levei ela comigo, o Roberto Carlos foi o padrinho, aquele negócio todo. Um dia, ela vira pra mim e fala que gosta de mulher, que o negócio dela era mulher, que ia acabar me traindo, que tinha visto uma menina e queria fazer amor com ela. Eu chorei por uns cinco dias e fiz a música 'Quando eu estiver chorando' [lançada em 1970 no segundo LP, *Nelson Ned*], que em espanhol é 'Déjenme si estoy llorando', um dos meus maiores sucessos".

Quando eu estiver chorando
Não fiquem me consolando
Deixem-me chorar sozinho

Toda vez que eu estiver chorando
É porque eu estou me lembrando
De um alguém que eu não consigo esquecer

Independentemente da inspiração, a verdade é que "Tudo passará" era uma canção extraordinária, muito emotiva e com um refrão grandioso e inesquecível. Assim que Nelson voltou da Argentina, após seu triunfo no festival, Genival Melo convenceu a gravadora Copacabana a lançar um compacto com a música, ao mesmo tempo que a editora de Nelson, a Irmãos Vitale, entrava com um processo de plágio contra o argentino Leonardo Schultz. Havia muita grana em jogo: depois que o cantor britânico Matt

Monro gravou "Todo pasará" em espanhol, em 1968, e a versão em inglês, "All of a Sudden", no início de 1969, a canção foi regravada incontáveis vezes, e sempre creditada a Leonardo Schultz. "Tudo passará" ganhou versões em turco (gravada pelo astro pop Tayfun Karatekin), búlgaro (com Boris Gudjunov), francês ("C'est que l'amour va revenir", sucesso na voz da cantora Cristina), inglês (Matt Flinders) e também foi regravada em versões instrumentais, primeiro em 1969, pelo tecladista espanhol Miguel Ramos, e mais tarde, em 1972, pela famosa orquestra do maestro e compositor anglo-italiano Mantovani.

O processo contra Leonardo Schultz só chegaria ao fim em 1975, quando um tribunal de Buenos Aires deu ganho de causa a Nelson Ned e à editora Irmãos Vitale. "O compositor argentino Leonardo Schultz deverá pagar oito mil dólares de indenização ao compositor e cantor brasileiro Nelson Ned por haver plagiado a obra 'Todo pasará'", publicou a revista *Record World* em abril de 1975. "Segundo o veredito, Schultz teria convidado Nelson para apresentar 'Tudo passará' em português no Festival de Buenos Aires, em 1968, mas inscreveu a versão em espanhol no Registro Nacional de Propriedade Intelectual como se fosse uma composição própria [...]. O tribunal determinou que 'Todo pasará' é uma cópia da original em português e que todos os royalties retidos há mais de quatro anos, que, acredita-se, somam mais de 200 mil dólares, devem ser pagos a Ned e à sua editora no Brasil." Em 2023, essa quantia seria de 1,15 milhão de dólares.

As notícias sobre o sucesso de Nelson Ned no festival de Buenos Aires e da apropriação indevida de sua música por um maestro argentino repercutiram na imprensa brasileira. A revista *Intervalo*, sob o título "A música roubada", publicou: "A briga continuou aqui no Brasil, Schultz só desconversando, querendo contemporizar. Mas como ele não havia registrado a música em seu nome, não poderia mesmo ganhar a parada. Agora, tudo se encaminha para a normalização: 'Estou tratando de legalizar toda a papelada'", disse o cantor brasileiro. "Já aprendi bastante e nesse tipo de encrenca não me meto nunca mais." Em fevereiro de 1969, o cantor brasileiro Carlos José gravou "Tudo passará" num compacto da CBS, mas o crédito no disco foi dado a Leonardo Schultz. O jornal *Correio da Manhã* chiou: "O autor de 'Tudo passará' é o cantor-compositor Nelson Ned, o miudinho [...]. Acontece que o disco chegou ao Brasil, mas sem o nome do compositor Nelson Ned. Esquecimento, cochilo ou malandragem da editora argentina?".

Assim que a Copacabana lançou o compacto de Nelson com "Tudo passará" de um lado e a linda "Domingo à tarde" do outro, Chacrinha convidou-o repetidas vezes para ir aos programas *Discoteca do Chacrinha* e *Buzina do Chacrinha*. "Vamos ouvir a música que o argentino roubou do Nelson Ned!", dizia o Velho Guerreiro. Emissoras de rádio não paravam de tocar a canção. Animado com a fama repentina de seu artista caçula, Genival Melo usava toda a sua influência para conseguir reportagens e aparições na TV para Nelson. A blitz publicitária deu certo: em abril de 1969, "Tudo passará" liderava paradas de emissoras de rádio por todo o país. Na pesquisa semanal de discos mais vendidos no Rio de Janeiro, feita pelo Ibope, o compacto de Nelson Ned estava em primeiro lugar, à frente de "Bahia de todos os deuses", de Elza Soares, "Casa de bamba" de Jair Rodrigues, e "To Sir with Love", gravado pela britânica Lulu. Nos meses seguintes, canções compostas por Nelson saíram em discos de Ângela Maria ("Ali na rua mesmo tive que chorar" e "Camarim"), Antônio Marcos ("Eu preciso encontrar urgentemente"), Marcus Pitter ("A cigana") e Claudio Fontana ("Eu penso sempre em você"). Uma música de Nelson com Claudio Fontana, "Eu vou sair pra buscar você", saiu quase simultaneamente em discos de Agnaldo Timóteo, Ary Sanchez e Sérgio Torres.

Em abril de 1969, Matt Monro desembarcou no Rio de Janeiro para dois shows no Canecão, e a imprensa não perdeu a oportunidade de mencionar que o repertório incluiria a música de Nelson. O *Jornal do Brasil* publicou: "Chegou [...] ao Rio o cantor inglês Matt Monro, para estrear hoje no Canecão. Matt Monro ocupa o primeiro lugar nas paradas de sucesso de Londres com a sua versão inglesa da música 'Tudo passará', do brasileiro Nelson Ned". O anúncio do show, publicado em jornais do Rio de Janeiro, dizia: "Você tem apenas dois dias para vê-lo ao vivo, num show de uma hora cantando seus grandes sucessos, entre outros: 'Yesterday', 'Alfie' e 'Tudo passará', de Nelson Ned, primeiro lugar no *hit parade* dos Estados Unidos".

Um mês depois, a gravadora Copacabana anunciou o lançamento do primeiro LP de Nelson Ned para o selo e o segundo da carreira do cantor, depois de *Um show de noventa centímetros*, lançado cinco anos antes. O LP se chamaria, claro, *Tudo passará*. Se *Um show...* trouxe Nelson cantando apenas músicas de outros compositores, *Tudo passará* era um álbum muito pessoal. Nelson assinava, sozinho ou em parcerias com Claudio Fontana, Hamilton Gouveia e Agnaldo Timóteo, nove das doze músicas do LP. É um dos discos mais tristes da música brasileira, uma verdadeira autobiografia musical em que Nelson aborda o nanismo e a solidão. Além da faixa-título e da arrebatadora "Tamanho não é documento", o LP trazia, entre outras, "Camarim", a desesperançada canção que fascinou Ângela Maria, e a balada "Domingo à tarde":

> *O que é que você vai fazer domingo à tarde*
> *Pois eu quero convidar você para sair comigo*
> *Passear por aí numa rua qualquer da cidade*
> *Vou dizer pra você tanta coisa que a ninguém eu digo*
>
> *Eu não tenho nada pra fazer domingo à tarde*
> *Pois domingo é um dia tão triste pra quem vive sozinho*

Quando eu vejo um casal namorando
É que eu sinto a verdade
É tão triste passar o domingo sem ter um carinho

Se você também vive tão só, sei que vai me entender
Sem amor é muito mais difícil a gente viver
Pela última vez me responda, mas diga a verdade
Pois eu quero sair com você domingo à tarde

Além de "Tudo passará", outras letras aludiam à vida boêmia de Nelson e a sua fascinação por mulheres "da noite". Um exemplo é "Hoje não volto mais pra casa":

Hoje não volto mais pra casa
Pois eu quero amar
Vou parar em cada esquina
Tentando encontrar
Outro alguém bem diferente
A quem eu posso dar
O carinho que você agora
Já não quer ganhar

O disco foi gravado nos Estúdios Reunidos, que ficavam no Edifício Gazeta, na avenida Paulista, e mereceu da Copacabana uma produção de primeira, com arranjos e regência de dois maestros conhecidos, Elcio Alvarez e Antônio Porto Filho, o Portinho, e uma orquestra formada por oito violinos, quatro violas e dois violoncelos, além de trompetes, trombones e saxofones. Um dos músicos que participaram da gravação foi um jovem guitarrista chamado José Paulo Soares, que fazia sucesso com Os Impossíveis, um grupo de rock formado em Rio Claro, interior de São Paulo. Dois anos antes, o grupo havia tocado com Roberto Carlos, e o rei, então no auge da Jovem Guarda, ficou tão impressionado com o virtuosismo do rapaz que o convidou a integrar sua banda. José Paulo chegou a dizer aos companheiros que aceitaria o convite de Roberto, mas se comoveu com a choradeira dos colegas e acabou recusando o convite. Os Impossíveis logo se mudaram para a capital paulista, e José Paulo se tornou um disputado músico de estúdio.

Na gravação do LP *Tudo passará*, ele ficou extasiado com a voz e a afinação de Nelson Ned. Eles eram os mais jovens na sessão — José Paulo tinha 23 anos, e Nelson, 22 — e iniciaram ali uma amizade que duraria mais de quatro décadas. Nelson, que adorava botar apelido em todo mundo, passou a chamar o amigo de "Zé da Guitarra". Anos depois, José Paulo se tornaria maestro e trabalharia com Silvio Santos no programa *Qual É a Música?* e Gugu Liberato no programa *Viva a Noite*, além de gravar com Ray Conniff, Michel Legrand, Zezé Di Camargo e Luciano, Agnaldo Rayol e muitos outros artistas. Dois outros integrantes de Os Impossíveis, o cantor Osni Cassab e o tecladista Otávio Basso, também se tornariam colaboradores de Nelson por muitos anos, atuando como arranjadores, maestros e produtores.

Durante a gravação do LP, o cantor Raimundo José visitou o estúdio para dar uma força ao amigo e ficou feliz ao reencontrar a mãe de Nelson, dona Ned, que Raimundo não via desde Belo Horizonte. Ned não saiu de perto do filho. Ela chegava cedo às sessões de gravação para ajudar Nelson nos exercícios de aquecimento vocal e o orientava na hora de gravar. Certo momento, Nelson perdeu a afinação, e Ned mandou que ele fizesse o "bocca chiusa", o exercício de boca fechada para agilizar a afinação. "Vai, Nelsinho, encontra o tom", dizia a mãe. Raimundo morava com Nelson e conhecia as histórias por trás de cada canção do disco. Sabia que quase todas as músicas haviam sido inspiradas por um romance ou uma desilusão amorosa. E Nelson Ned estava numa fase tão prolífica de composições — e de romances — que presenteou o amigo Antônio Marcos com uma canção que se tornaria um grande sucesso: "Se eu pudesse conversar com Deus":

Eu hoje estou tão triste
Eu precisava tanto
Conversar com Deus

Falar dos meus problemas
Também lhe confessar
Tantos segredos meus

Saber da minha vida e perguntar
Por que ninguém me respondeu?
Se a felicidade existe realmente
Ou se é um sonho meu

Meu Deus, não sei rezar
Perdoe por favor
Perdi meu tempo aprendendo amar
Alguém que nunca soube o que é o amor

Eu sei que é impossível
Mas eu queria tanto
Conversar com Deus

A exemplo de "Tudo passará" e "Hoje não volto mais pra casa", a letra de "Se eu pudesse conversar com Deus" foi inspirada por uma mulher que Nelson conheceu na noite paulistana: "Betinha, a porra mais louca que eu já vi na minha vida", disse o cantor. "Essa Betinha era bandidona da noite. A gente andava no La Licorne, La Vie en Rose, Variety, na Boca de São Paulo. Conheci a Betinha, saí com ela uma noite, ela tinha um Gordini verde e passeou comigo, mas só falava no Antônio Marcos. Quando ela me deixou em casa, no apartamento do Genival em que eu morava com o Antônio Marcos e o Claudio Fontana, eu pensei: 'Agora eu vou comer, vou levar ela pro quarto', mas ela disse: 'Vou te deixar na sua casa, vou dormir'. Eu fiquei muito triste, porra, não dou sorte no amor. Pensei em largar tudo, em renunciar à minha carreira, chorei muito. No outro dia, peguei o violão e fiz 'Eu hoje estou tão triste, eu precisava tanto conversar com Deus, falar dos meus problemas [...]. Perdi meu tempo aprendendo a amar, alguém que nunca soube o que é o amor'. Eu queria, realmente, saber por que eu não era correspondido no amor". Nelson pretendia incluir a música no LP *Tudo passará*, mas Genival o convenceu a dar a canção para Antônio Marcos. "Essa música é a cara do Toninho", disse o empresário. Nelson concordou. E Antônio Marcos gravou a música sem saber que a inspiração da letra, a "bandidona" Betinha, era sua fã.

Na hora de escolher a fotografia para a capa do disco, Nelson Ned só fez uma exigência: queria aparecer de corpo inteiro. No compacto de "Tudo passará", a Copacabana escolheu uma fotografia do rosto do cantor, o que deixou Nelson irritado: "Eu não tenho o que esconder, sou pequeno e boto pra quebrar!". Para a capa do LP, ele posou sentado em cima de um contrabaixo acústico, com as duas pernas aparecendo inteiras, para que não houvesse dúvidas sobre seu nanismo.

O ano de 1969 marcou a consagração popular de Nelson Ned. "A minha impressão é de que estou num barco, correndo a favor da maré", disse o cantor à revista *Intervalo*. "Muita gente se preocupa com o meu tamanho. Eu, não. Ele me traz vantagens excepcionais: sou portátil, no campo sinto o cheiro da terra (que os adultos perdem com o tamanho), das flores, das folhas. O ar em volta de mim é perfumado, não tem poluição: os arbustos, do meu tamanho, se encarregam de purificá-lo à sua altura. Depois, gasto pouco para fazer uma roupa, aprecio melhor o brilho dos meus sapatos, as mulheres altas gostam de me pôr no colo, se estou com pressa passo por entre as pernas dos outros, se caio não sofro ferimentos. Quando quero passar despercebido basta-me ficar calado, porque as pessoas não têm o hábito salutar de olhar pra baixo. Eu me sinto como Peter Pan, o que não cresceu porque gostava de ser menino."

Com o sucesso de "Tudo passará", Genival Melo cumpriu a promessa de estourar seus três artistas jovens. Num intervalo de poucos meses, Claudio Fontana chegou aos primeiros lugares das paradas com o compacto de "Adeus, ingrata", e Antônio Marcos lançou o primeiro LP, que trouxe sucessos como "Tenho um amor melhor que o seu" e "Eu preciso encontrar urgentemente". A imprensa não perdeu a chance de explorar a história dos três jovens astros que moravam juntos. A revista *Manchete* publicou uma divertida reportagem com o trio, que abria com uma foto mostrando Antônio Marcos, Claudio Fontana e os seis integrantes do grupo Os Impossíveis correndo atrás de Nelson Ned na praça Charles Miller, em frente ao estádio do Pacaembu: "Eles tomaram conta da praça e estão ganhando longe a maratona musical, em seu gênero", dizia o texto.

São Nelson Ned, Claudio Fontana, Antônio Marcos e Os Impossíveis, o grupo mais alegre e comunicativo da música jovem no momento — sobretudo em matéria de venda de discos. Só Nelson Ned, chamado "o pequeno gigante da canção" [...], vendeu em cinco meses 200 mil compactos simples de "Tudo passará". Com "Adeus, ingrata", Claudio Fontana [...] vendeu 120 mil. E o primeiro disco de Antônio Marcos [...] ficou 31 semanas nas paradas [...]. O gênero é a canção romântica, de fácil comunicação. O segredo? Nelson Ned revela: "Cantamos aquilo que o povo quer. Abaixo o intelectualismo".

A frase de Nelson evidenciava uma disputa que, em 1969, uma das épocas mais duras do regime militar, se fazia muito presente na imprensa brasileira: o muro que separava, de um lado, os estilos de grande apelo popular, como a música romântica e o iê--iê-iê da Jovem Guarda, e, do outro, a MPB mais "combativa" e elitizada. Fazer sucesso musical no Brasil virou quase um pecado, uma prova de "entreguismo" ou de apelo a fórmulas sonoras fáceis. A MPB temia e rechaçava o rock. A esquerda brasileira via a guitarra como símbolo da dominação cultural norte-americana. Em julho de 1967, jovens músicos brasileiros — Elis Regina, Edu Lobo, Gilberto Gil, Jair Rodrigues — se reuniram no Centro de São Paulo para uma passeata contra a guitarra elétrica. Outro alvo passou a ser a música romântica, classificada por grande parte

Os três amigos: Antônio Marcos, Nelson Ned e Claudio Fontana.

da crítica como "brega" e "alienada". Intérpretes como Odair José, Waldick Soriano, Altemar Dutra, Agnaldo Timóteo e Nelson Ned, que frequentemente lideravam as paradas, eram escorraçados, e o sucesso deles, creditado ao mau gosto do público brasileiro. Em 1976, quando Benito Di Paula estourou a faixa "Tudo está no seu lugar", foi tachado de conformista e alienado por supostamente defender o governo. Benito ficou surpreso: "Compus 'Tudo está no seu lugar' depois de dar uma casa de presente para minha mãe. Era uma letra sobre a minha alegria naquele momento, não tinha porra nenhuma a ver com política".

Nelson diz que a cisão entre a música popular e a MPB "combativa" aconteceu por causa da diferença de classe social dos artistas: "[Nos anos 60], eu era totalmente alienado. Chico Buarque nasceu em berço esplêndido, foi criado na nata da cultura do intelectualismo. Ele, Nara Leão, exploravam o pobre. Eles cantavam 'Carcará, pega, mata e come', mas eles nunca viveram isso, nunca foram nas favelas. É muito bonito você cantar a desgraça alheia. Eu sempre cantei a minha desgraça, a minha realidade social e espiritual. Eles cantaram a realidade social, mas não era a deles, eles sempre cantaram uma realidade social que não lhes correspondia. Eles são cafetões da miséria brasileira. Eles exploravam o modismo da contestação e cobravam em dólares. Eles nunca foram sinceros. Ele [Chico Buarque] cantou aquela música 'É a parte que te cabe nesse latifúndio' ["Funeral de um lavrador", lançada em 1967 e com letra tirada de poema de João Cabral de Melo Neto], e é muito bonito compor para o sem-terra. O problema é que Chico Buarque tem tanta terra que tem até um campo de futebol em casa pra jogar bola. Dos artistas mais antigos com que eu convivi, nenhum conheceu a palavra 'universidade', só de passar na frente. Nelson Gonçalves, Emilinha Borba, Ângela Maria, Cauby Peixoto, eram todos semianalfabetos. A verdade é essa. Em 1964, eu tinha dezessete anos, a gente ouvia falar que ia ter um golpe, que João Goulart foi deposto. Eu estava na casa do meu tio Danilo, no Rio, ele lia aquilo pra mim, mas era um universo muito distante, era que nem falar da sonda que está lá em Marte. Eu não estava nem aí, eu queria era paquerar, namorar, cantar pra caramba, nadar. Não era o meu universo. Meu negócio era trabalhar, ajudar a minha mãe e mandar dinheiro pra casa".

O maior inimigo de Nelson Ned na imprensa brasileira foi Ronaldo Bôscoli. O compositor, produtor musical e jornalista, dezenove anos mais velho que Nelson, marido de Elis Regina e coautor de clássicos da bossa nova como "O barquinho", "Nós e o mar" e "Lobo bobo", era uma metralhadora giratória, conhecido por suas opiniões controversas e verve implacável. Bôscoli gostava de uma polêmica. No início de 1970, deu uma entrevista em que esculhambava a música romântica de Waldick Soriano e Paulo Sergio, classificando-a de "lixo". Sobre Nelson Ned, disse: "É um anãozinho ridículo".

O que Bôscoli não imaginava é que Nelson tinha uma verve igualmente corrosiva e também gostava de uma briga. Quando a revista *Intervalo* procurou Nelson para rebater as declarações de

Quatro dos maiores vendedores de discos da música brasileira: Benito Di Paula, Ângela Maria, Nelson Ned e Roberto Carlos.

Bôscoli, o cantor de 23 anos soltou os bichos. O título da reportagem já dava uma ideia do teor explosivo das declarações: "Minha mulher é mais bonita que a dele". Disse Nelson: "Esse sr. Bôscoli é uma personalidade fraca. Vejam só: apesar de ser um compositor, ou pseudocompositor, ele aparece mesmo é através do nome de sua mulher [Elis Regina]. Pelo menos de uma coisa ele pode ter certeza: sou muito mais inteligente, mais culto e mais rico do que ele. [...] Ele disse que o Ibope é responsável por 'todo esse lixo que está aí' e se referiu aos cantores que lideram as pesquisas de preferência popular, citando-me como elemento básico. Do que ele se esquece é que as letras que faço são viris, ao contrário das [dele], que são efeminadas. Eu jamais faria um troço parecido com 'O barquinho', ou 'Lobo bobo', nem mesmo de parceria, como acontece sempre com o sr. Bôscoli. Se, na sua concepção, a música popular brasileira é essa xaropada [...], eu teria vergonha de ser um compositor desse gênero. São músicas medíocres. Bôscoli jamais passará de uma tábua podre do naufrágio de Elis Regina. Ele repudia as pesquisas porque, apesar de perseguir bons índices de audiência e de preferência popular, com sua mulher, jamais pôde alcançá-los [...]. O sr. Bôscoli, que tanto se envaidece com os públicos de quinhentas pessoas, devia saber que não canto em teatros de bolso ou em boates da Zona Sul: gosto de ganhar muito dinheiro. Prefiro cantar, como sempre acontece nos meus shows pelo Brasil, para públicos de 10 mil pessoas, que superlotam ginásios esportivos somente para me aplaudir. Tem mais: se ele me chamou de 'anãozinho ridículo' foi porque, certamente, não conhece minha vida íntima. Tenho uma garota muito mais bonita do que dona Elis Regina".

A dona do coração de Nelson Ned, a "garota muito mais bonita do que dona Elis Regina", tinha dezenove anos e se chamava Marli de Oliveira.

4. Nasce uma estrela

Nelson Ned cantando para a multidão.

O primeiro encontro de Nelson Ned e Marli de Oliveira foi inesquecível. Marli estava almoçando com o amigo Genival Melo e outros convidados no apartamento em que o empresário hospedava Antônio Marcos, Claudio Fontana e Nelson Ned, quando a refeição foi interrompida pelo barulho de uma discussão violenta num quarto. De repente, uma mulher passa toda apressada pela porta, com o cabelo desgrenhado e abotoando a blusa. Logo atrás, sai Nelson Ned, só de cueca. Marli se assustou, mas Genival e as pessoas que frequentavam o apartamento nem piscaram. Cenas como aquela já tinham virado hábito na casa dos três solteirões agenciados por Genival.

Depois de voltar ao quarto e se vestir, Nelson juntou-se aos convidados do almoço. Constrangido, fez de tudo para apagar a má impressão que ele deixara em Marli: "Estou morrendo de vergonha, você me perdoa, por favor?". Nelson já tinha visto Marli no escritório de Genival, no Centro de São Paulo, e ficara interessado na morena de dezenove anos que trabalhava numa empresa de dedetização e ia regularmente ao escritório pedir fotos e discos de seus ídolos Antônio Marcos e Wanderley Cardoso (depois de uma briga pública com Wanderley, Genival voltara a marcar shows para o cantor). Marli não era apenas bonita, mas também parecia bastante com uma cantora que Nelson achava o suprassumo da beleza e do bom gosto: "Alguém já disse que você é *a cara* da Elis Regina?", perguntou ele. Bem antes de sua rixa pública com Ronaldo Bôscoli, Nelson suspirava toda vez que via Elis na TV. Agora, estava vidrado no cabelo curto e no charme de Marli. "Não, não, eu me enganei, esqueça o que eu disse, você é *muito* mais bonita que a Elis Regina!" Depois do almoço, Nelson fez questão de acompanhar Marli até a casa dela, no bairro da Água Rasa, Zona Leste de São Paulo. A mãe de Marli, dona Ziza, estranhou: "Que é isso, minha filha, você sai de casa atrás do Wanderley Cardoso e volta com o Nelson Ned?".

Nos dias seguintes, Nelson fez de tudo para conquistar Marli: telefonou, convidou para jantar, para ir ao cinema ("Vamos pegar um cineminha, minha Elis Regina?"), e não cansava de elogiar a beleza da moça. Marli resistiu às investidas, até o dia em que Nelson a procurou, violão em punho, e disse: "Fiz uma música para você". Era "Quem é você?" (que seria lançada em 1974, no álbum *Aos românticos do mundo*):

Quem é você?
Que de repente apareceu na minha vida
Fazendo renascer a ilusão perdida
Que há tanto tempo adormeceu dentro de mim
Quem é você?
Será um anjo bom ou será meu pecado?
E se eu estou amando certo ou errado
Somente o tempo é quem me poderá dizer
Quem é você?
Que de repente encheu de luz o meu caminho
Eu que andava muito triste e tão sozinho
Agora estou amando alguém que mal conheço
Quem é você?
Quem é você, que inexplicavelmente eu amo?
Quem é você, por quem seu nome eu tanto chamo?
Pois de você eu sei apenas o seu nome

A canção derrubou a última barreira de resistência de Marli, e ela se apaixonou por Nelson. Nos primeiros dias de namoro, ele a presenteava com buquês de flores e caixas de bombons, um verdadeiro gentleman. Quando Marli, nas nuvens, contou a Genival que Nelson havia feito uma música especialmente para ela, Genival, um fofoqueiro dos mais venenosos, tratou de baixar a crista da moça: "Ih, minha filha, tá achando que é a única? Sabe a música

Nelson Ned e Marli.

tal? Ele fez pra Ritinha, do La Licorne; aquela outra música ele fez pra Sara, uma biscate que ele conheceu na Major Sertório...".

A verdade é que o apartamento de Higienópolis era cenário de festas intermináveis e de um ininterrupto entra e sai de fãs e garotas que Nelson, Antônio Marcos e Claudio Fontana conheciam na noite. Genival nem se assustava mais ao entrar no apartamento e encontrar sapatos de salto alto jogados no chão da sala ou uma calcinha pendurada na antena da televisão. E Nelson era o mais animado de todos. Quando a turma já havia dado a noite por encerrada, ele estava apenas começando os trabalhos. Seu amigo, o baterista Raymundo Vigna, costumava passar algumas noites lá e foi testemunha da resistência verdadeiramente olímpica de Nelson Ned. Certa manhã, depois de uma festa particularmente agitada, que varou a noite toda, Vigna dormia num quarto quando foi acordado por barulhos num aposento ao lado. Nelson estava com uma mulher. A moça estava caindo de sono, enquanto ele queria mais. A voz de Nelson quebrou o silêncio do apartamento: "Mulher... mulher... presta atenção na foda!".

A fama de galanteador de Nelson logo chegou à imprensa, e começaram a pipocar notinhas sobre a agitada vida amorosa do cantor: "Para confirmar o título de sua composição, 'Tamanho não é documento', Nelson Ned está namorando uma loira que tem, pelo menos, um metro e setenta", dizia uma. "Genival Melo jurou por todos os santos que o Nelson Ned deixou um amor em Curitiba e que vai se casar no ano que vem", publicou a revista *Intervalo*. Vários jornais deram notas sobre o romance de Nelson com a chacrete Cleonice, conhecida por "Cléo Toda Pura", que era apresentada por Chacrinha na TV como "Cleonice, toda feita de meiguice, da juventude à velhice". Anos depois, Cléo citaria romances com Ronnie Von, Wanderley Cardoso e Jerry Adriani, mas disse que nunca havia namorado Nelson Ned. Não é o que o texto da revista *Intervalo* dava a entender: "O 'Pingo de Ouro' [Nelson Ned] e Cleonice não se apartam. [...] Trocam olhares apaixonados. A uma pergunta mais direta, ele explode: 'No dia em que eu descobrir que amo realmente uma moça, caso com ela, seja branca, morena, baixa ou alta. Sou pequeno, mas não tenho preconceitos. Agora desculpe, Cleonice está me chamando'".

De cada encontro, de cada amor, por mais fugaz, Nelson Ned tirava inspiração para novas letras: "Essas mulheres todas foram a grande fonte de inspiração para eu compor. A Bíblia diz que, se você não apertar a uva, não vai sair o vinho. E Deus permitiu que eu conhecesse essas mulheres, para que fosse despertada em mim a veia de compositor. Eu não creio em criação sem sofrimento, eu não creio em arte sem sofrimento. A arte é produto do sofrimento, ela é filha do sofrimento. Tem uma frase em francês, num livro que eu estava lendo, que diz: 'O sofrimento é o mestre do homem'. No meu caso, a música sempre foi consequência de uma causa, que foi a dor. E a dor vende, a tristeza vende. Muitos compositores fazem músicas tristes: Roberto Carlos, Antônio Marcos, todo mundo era triste. Explorar a tristeza era tremendamente comercial. O Roberto Carlos, com aquele olhar triste, aquela carinha, aquele olho de peixe morto, sempre foi um devasso, um sacana, um tremendo comedor".

O trio de ouro de Genival Melo — Nelson Ned, Antônio Marcos e Claudio Fontana — explorava a tristeza e vendia muitos discos. As fãs ouviam canções como "Tudo passará", "Oração de um jovem triste" e "Adeus, ingrata", e só queriam pegar os três no colo. Diante das admiradoras, eles choravam e faziam pose de sensíveis, mas, na verdade, estavam curtindo a vida adoidado: Fontana sacou os *royalties* de "Doce de coco", gravada por Wanderley Cardoso, e comprou um Impala 1963 branco, que pintou com três faixas — uma vermelha, uma branca e uma azul — e apelidou de "Branca de Neve". Nelson viu a caranga de Claudio e imediatamente comprou um Aero Willys. Como não alcançava os pedais do carro e, por isso, não podia dirigir, Nelson contratou um motorista particular. Também mandou confeccionar uma almofada especial, com meio metro de altura, para usar no banco de trás e apreciar a paisagem pela janela.

Genival cansou de explorar na mídia a história dos três amigos que moravam juntos e estavam com discos estourados simultaneamente. Toda semana, ele despertava os três de madrugada para fazer a ronda das rádios. O trio chegava a visitar cinco programas de rádio numa manhã. "Vamos acordar, minha gente, que o sucesso é dez por cento de inspiração e noventa por cento de transpiração! Vocês não querem ser sucesso?", gritava o empresário. "Porra, Genival, tá um frio do cacete!", retrucava Antônio Marcos, escondendo-se debaixo dos lençóis. "Eu não quero fazer sucesso nenhum, me deixa dormir!", respondia Nelson Ned em outro quarto. "Era uma molecagem, coisa de amigos", lembra Claudio Fontana. "O Toninho, aquele homem grandão, ia de pijama pro quarto do Nelsinho carregando um colchão, jogava o colchão em cima do Nelson e depois pulava em cima dele, era um barato."

Com o sucesso de seus pupilos, Genival teve a ideia de organizar uma grande turnê nacional com o trio. Nos cartazes e notas à imprensa, divulgou apelidos chamativos para cada um: Antônio Marcos era "O novo preferido da juventude", Claudio Fontana, "O perigo moreno da juventude", e Nelson Ned, "O pequeno gigante da canção". O show viajou o Brasil por meses e lotava teatros, ginásios e clubes por onde passava. Normalmente, Claudio Fontana abria o espetáculo, seguido por Antônio Marcos. O encerramento ficava por conta de Nelson Ned, que atraía uma curiosidade enorme. Todo mundo queria ver e ouvir de perto aquele cantor baixinho.

Apesar do sucesso de público, a estrutura dos shows era precária. Sem grana para levar uma banda de acompanhamento, os cantores viajavam sozinhos e eram acompanhados, em cada praça, por um conjunto local. Genival viajava com o trio quando possível. Para uma turnê por Mato Grosso, o empresário alugou um pequeno monomotor de seis lugares. A excursão quase terminou em tragédia: o avião pegou um vento que o desviou da rota, o voo durou mais que o previsto, e a aeronave corria risco de ficar sem gasolina antes de chegar ao destino. O piloto dizia: "Nós só temos dez minutos de gasolina, mas eu vou dar um jeito de aterrissar". Antônio Marcos, que havia enxugado uma garrafa de Drury's, não parecia muito preocupado, mas Genival, Claudio e Nelson se desesperaram. Genival ajoelhou num canto e começou a rezar. Claudio gritava: "Nelson Ned, nós vamos morrer!". Este, por sua vez, chorava: "Eu sou muito jovem! Deus, não me deixe morrer!". Antônio Marcos permanecia tranquilo: "Para de chorar, baixinho, deixa de frescura!". Por um milagre, o piloto achou uma estrada de terra e conseguiu pousar o avião. "Tá vendo, baixinho, não disse?", riu Antônio Marcos.

Naquela época, Genival tinha um funcionário com o mesmo sobrenome, mas sem relação de parentesco: José Melo, o Melinho, um ex-sonoplasta da Rádio Globo que Genival contratara como divulgador. Melinho era nordestino, tinha trabalhado com gravadoras por muito tempo e conhecia boa parte das rádios e casas de shows do Nordeste. Quando Genival fechou a perna nordestina da turnê do trio, que duraria três ou quatro meses, mandou Melinho na frente com uma kômbi cheia de discos para distribuir em rádios e locais de shows. Melinho fez o trabalho com dedicação e competência: quando Nelson, Antônio Marcos e Claudio Fontava chegavam numa cidade, ouviam suas músicas nas emissoras de rádio e nos sistemas de alto-falantes que existiam em muitos locais do país.

Antônio Marcos, Claudio Fontana e Nelson Ned no programa Festa do Bolinha, *na TV Rio.*

Além de sua vasta experiência com a rede radiofônica nordestina, Melinho era especialista em outro assunto: conhecia intimamente os prostíbulos da Bahia ao Maranhão. Em quase toda cidade, não havia uma casa de tolerância em que Melinho não fosse recebido como um rei, especialmente porque tinha o hábito de presentear os proprietários dos estabelecimentos com discos e ingressos dos artistas que divulgava. "Daqui a uma semana eles vão fazer show na cidade", dizia Melinho. "Que tal se eu trouxesse os meninos aqui depois do show pra eles se divertirem?" E diversão não faltou nessa turnê: mal terminava o show, os três amigos partiam para incursões pelos redutos boêmios de cada cidadezinha que visitavam. Genival Melo ficava louco quando acordava na manhã seguinte e tinha que caçar os rapazes: "Melinho, se vira, acha esses filhos da puta!".

Enquanto isso, o sucesso de Nelson Ned só aumentava. Em fevereiro de 1970, o compacto com "A cigana" chegou ao primeiro lugar nas paradas no Rio de Janeiro, batendo "Jingle Jangle", hit mundial do grupo The Archies. Em março, a Copacabana lançou o terceiro LP de Nelson, *Eu também sou sentimental*. A gravadora estava tão confiante que fez uma prensagem inicial de 100 mil cópias, número alto para o mercado discográfico brasileiro do período. O LP foi de fato um grande sucesso: além de "A cigana" e da faixa-título, trouxe canções que Nelson cantaria ao longo de toda a carreira, tanto em português como em versões em espanhol, como "O vento levou", "No silêncio do seu quarto" e "Se eu pudesse conversar com Deus". Nelson aproveitou os polpudos cheques de *royalties* e comprou um apartamento gigante no bairro do Flamengo, no Rio, para hospedar pai, mãe, as cinco irmãs e o irmão, Nedson. O apartamento tinha quatro quartos, duas salas e um elevador privativo. Também trocou o Aero Willys por um Impala; depois, enjoou do Impala e comprou um Oldsmobile Cutlass.

A imprensa não parava de dar notas e fofocas sobre o cantor.

A revista *Intervalo* publicou: "Nelson Ned comprou um enorme Impala. 'A vantagem é que eu posso dormir no banco traseiro'". Poucas semanas depois de conquistar o tricampeonato mundial com a seleção no México, o craque Rivelino casou-se com Maisa Gazzola numa concorrida cerimônia em São Paulo, com 2 mil pessoas lotando a frente da igreja do Calvário, em Pinheiros. A atração musical foi Nelson Ned, que cantou a "Ave Maria", de Schubert, enquanto o presidente do Corinthians, Wadih Helu, lia trechos do Evangelho de São João.

Em outubro de 1970, a Copacabana pôs no mercado mais um LP, *Nelson Ned*, que emplacou nas rádios músicas como "Se as flores pudessem falar", "Cada um de nós sabe de si" e "Dois corações". Foi o terceiro LP do cantor lançado num intervalo de dezoito meses. Quando a Nelson Oliveira Pesquisa e Estudo de Mercado (Nopem) publicou sua aguardada parada anual com os compactos e LPs mais vendidos do Brasil em 1970, Nelson tinha duas músicas entre as seis mais populares do ano: "A cigana", em sexto lugar, e o compacto de "Se eu pudesse conversar com Deus", gravado por Antônio Marcos, em segundo lugar, atrás apenas de Roberto Carlos. Não havia mais dúvida: Nelson Ned era um astro.

Mas a fama não trouxe só coisas boas. Nessa época, a imprensa se voltou em bloco contra ele. Se, até aquele momento, jornais e revistas ainda nutriam simpatia pelo menino humilde que superara a deficiência física para realizar o sonho de se tornar cantor, a maré virou totalmente depois que ele emplacou três discos seguidos de imenso sucesso popular. Até publicações que sempre o trataram bem, como a revista *Intervalo*, passaram a criticá-lo: "Nelson Ned reaparece com novo disco, tentando obter o sucesso que alcançou com 'Tudo passará'. Mas parece que mais uma vez ficará na tentativa, já que as músicas apresentadas em nada diferem de outras já lançadas. Decalcado num estilo que não muda nunca, Nelsinho não acrescenta nada ao que já fez. Sua interpretação é sempre igual, as letras contam histórias semelhantes e pouca coisa sobra de original". A revista *O Cruzeiro*, que sete anos antes publicara a primeira reportagem de alcance nacional sobre o cantor, comparando-o a Sammy Davis Jr. e descrevendo seu "talento de gente grande", agora definia assim seu quarto disco: "Nelson Ned comparece neste LP com oito boleros de sua responsabilidade, nos quais a indigência mental se equilibra perfeitamente entre versos e melodia. Nelson berra também algumas versões emboleradas e lacrimosas [...]. Não é, assim um disco que se possa dizer de altos e baixos, porque só existem baixos. Um primor de mau gosto".

Não era só a música de Nelson Ned que desagradava à imprensa. As declarações ácidas e implacáveis contra a "intelligentsia" da MPB também pioravam a relação do cantor com a mídia. Cada vez que um crítico detonava um de seus discos, Nelson rebatia acusando a imprensa de só elogiar artistas que não vendiam discos. Sobre Caetano Veloso, que estava no exílio na Inglaterra depois de ter sido preso pelos militares, Nelson disse: "É uma das maiores expressões de nossa música. Tão evoluído que não teve campo no Brasil". Sua briga pública com Ronaldo Bôscoli acabou de vez com qualquer resquício de boa vontade que a mídia ainda tinha com Nelson. Numa reportagem sobre um projeto de lei que propunha uma cota de músicas nacionais no rádio, o *Jornal do Brasil* escreveu: "A lei vai proteger [também] os medíocres? Sem dúvida. A propósito, entre Nelson Ned e Aretha Franklin, o leitor fica com quem?".

Em julho de 1970, Nelson Ned estava num show na Bahia quando recebeu um telefonema de Genival Melo, que tinha ótimas notícias: um produtor musical e radialista chamado Rafael Diaz Gutierrez, baseado nos Estados Unidos, estivera no Brasil procurando artistas para um festival de música latina em Nova York. Gutierrez ficou impressionado com o sucesso de "Tudo passará" e "A cigana" e escolheu Nelson Ned como um dos representantes do Brasil, junto com a cantora Martinha. "Quando soube que se tratava de um cantor de apenas um metro de altura [sic], Gutierrez decidiu distribuir fotos de Nelson Ned apenas da cintura para cima, para obter, no festival, efeitos sensacionais com a surpresa", publicou a revista *Intervalo*. O 1º Festival da Canção Latino-Americana de Nova York teria 75 músicas concorrentes, de cerca de vinte países, e ocorreria dali a menos de três meses, no fim de setembro de 1970, na Academy of Music, um teatro de 3400 lugares conhecido por receber shows importantes, como o terceiro concerto dos Rolling Stones na cidade de Nova York, realizado em maio de 1965.

Gutierrez pediu à Copacabana, gravadora de Nelson, que selecionasse uma música para o artista defender no festival. Nelson escolheu "Canção popular", música que havia inscrito no 5º Festival Internacional da Canção, mas que não fora classificada. Foi uma escolha inteligente: a letra de "Canção popular" mencionava a América Latina e era perfeita para um festival que celebraria a música latino-americana:

> *Eu vou pedir licença pra mostrar*
> *Uma canção sem palavras*
> *Uma canção popular*
>
> *Que possa todo o meu povo cantar*
> *Pelas esquinas do mundo*
> *Fazendo o tempo voltar*
>
> *Uma canção para qualquer esquina*
> *De qualquer uma cidade*
> *Da América Latina*

Há muito tempo o povo quer cantar
Uma canção sem palavras
Uma canção popular

Esta canção é uma canção comum
Pra ser cantada nas ruas
Cantada por qualquer um

Para capitalizar em cima da notícia do festival, Genival Melo e a Copacabana decidiram lançar um compacto duplo de Nelson com a inédita "Canção popular" e três músicas que já haviam saído em LPs: "Dois corações", "Se as flores pudessem falar" e "Os bairros pobres da cidade". A sessão de gravação de "Canção popular" foi agendada para logo depois dos shows que Nelson estava fazendo na Bahia, em Minas Gerais e no Rio de Janeiro. Em 9 de agosto, um domingo, Nelson terminou a turnê com um show em Santo Antônio de Pádua, noroeste do Rio de Janeiro. Depois do show, por volta de três da manhã, ele retornava a São Paulo em seu Chevrolet Impala 1966, cor cereja, dirigido por um motorista particular. No banco de trás, com Nelson, viajavam alguns amigos e o divulgador da gravadora Copacabana, Juvenal de Oliveira. Chovia torrencialmente. Na altura de Além Paraíba, na divisa entre Minas e Rio, o motorista perdeu o controle do carro, que capotou várias vezes. Todos os passageiros sofreram ferimentos leves, mas Nelson Ned levou a pior: foi arremessado no vidro dianteiro do automóvel, sofreu diversos cortes no corpo e fraturou o fêmur da perna esquerda. Motoristas que passavam pelo local retiraram os passageiros do carro acidentado e os levaram para o Hospital São Salvador, em Além Paraíba. O médico José Carlos Mesquita, que atendeu o cantor no hospital, garantiu ao jornal *O Fluminense* que Nelson Ned ficaria "fora das atividades artísticas pelo menos por três meses". O dr. Mesquita certamente não conhecia Nelson:

poucos dias depois, o cantor chegou ao estúdio para gravar "Canção popular" sentado numa cadeira de rodas e com um macacão de gesso que lhe imobilizava o abdômen e a perna esquerda. E, em 16 de setembro de 1970, apenas 38 dias depois do acidente de carro, ele embarcava — sem gesso — no Rio de Janeiro em um avião com destino a Nova York.

Nelson tinha 23 anos quando pisou pela primeira vez na Big Apple. "Lembro-me ainda hoje do impacto que senti quando cheguei a Nova York. Aquele menino nascido na cidade interiorana de Ubá, que como sinônimo de 'exterior' só conhecia a Argentina, jamais imaginara que a música o levaria um dia à capital do mundo." Do aeroporto, uma limusine contratada pela direção do festival levou Nelson e Genival Melo ao luxuoso hotel Hilton. Os dois mal chegaram ao hotel e saíram para bater perna pela cidade. Viram o lindo Radio City Music Hall e o imponente prédio Empire State, com seus 102 andares. Nelson ainda sentia muitas dores na perna, mas se recusou a usar uma cadeira de rodas e precisou ser amparado por Genival. "Eu conseguia andar com muita dificuldade, sempre segurando na mão de alguém." Na recepção do Hilton, viram uma aglomeração de seguranças e jornalistas. Era o magnata, filantropo e então governador de Nova York, Nelson Rockefeller. Nelson Ned não se intimidou: "Hello, Mister Rockefeller, my name is Nelson too. I'm a singer. I'm from Brazil!". Naquela mesma noite, Nelson e Genival foram convidados para um jantar com um amigo brasileiro que estava na cidade: Silvio Santos. O apresentador e a então esposa, Cidinha, levaram os dois, além da cantora Martinha e da mãe dela, Ruth, para jantar num restaurante luxuoso da cidade. "Vocês são nossos convidados de honra para o festival", disse Nelson, retribuindo a gentileza. Silvio e Cidinha prometeram comparecer ao festival para torcer por Nelson e Martinha. E cumpriram a promessa.

*Nelson Ned em frente à Academy of Music, em
Nova York, onde fez sua estreia nos Estados
Unidos. À esquerda, a cantora Martinha.*

Na noite de 18 de setembro, quando Nelson Ned subiu ao palco da Academy of Music para defender "Canção popular", acompanhado pela orquestra regida pelo maestro uruguaio Rubens "Pocho" Pérez, que morava no Brasil e havia feito o arranjo da música para o compacto da Copacabana, as 3400 pessoas que lotavam o teatro emitiram um "Oooohhhh!" em uníssono. A tática de Rafael Diaz Gutierrez de divulgar apenas fotos do cantor da cintura para cima tinha funcionado: ninguém sabia que Nelson Ned tinha nanismo. Assim que ele abriu a boca e começou a cantar, o lugar ficou num silêncio absoluto. A plateia parecia não acreditar no que estava vendo e ouvindo. Ao fim da música, o público aplaudia de pé. "Achei que o teto do teatro ia desabar", disse Nelson. Martinha entrou depois e cantou "Vestido branco", música dela. Os dois brasileiros se classificaram para a grande final, que ocorreria dali a dois dias.

Em 20 de setembro, na final do festival, Nelson cantou novamente "Canção popular", dessa vez numa versão em espanhol, com a letra traduzida pelo famoso compositor porto-riquenho Curet Alonso. Quando o júri anunciou os resultados, a vitória foi da canção "Te dejo la ciudad sin mi", defendida pelo cantor colombiano Mario Gareña. "Canção popular" ficou com o quinto lugar. A noite foi ótima para os outros concorrentes brasileiros: Martinha levou o prêmio de melhor cantora, e o maestro "Pocho" Pérez, que, embora nascido no Uruguai, estava representando o Brasil, foi considerado o melhor arranjador do festival. Mesmo sem levar o prêmio principal, a exposição foi muito boa para Nelson. "O evento estava sendo transmitido ao vivo para Porto Rico, México e Venezuela", disse o cantor, "o Silvio Santos da Venezuela era o Amador Bendayán, e no México era o Raúl Velasco. Esses homens me viram pela televisão cantando no festival, ficaram entusiasmadíssimos comigo e se mobilizaram imediatamente para me levar aos seus respectivos países. Passaram a me chamar de 'O Charles Aznavour do Brasil'". De volta ao país natal, Nelson foi recebido com festa pela família e pela imprensa no aeroporto do Galeão, no Rio: "Ele voltou dos Estados Unidos trazendo um troféu que fez questão de mostrar a todos, [...] erguendo-o acima da cabeça como Carlos Alberto fez com a Taça Jules Rimet", escreveu o jornal *Correio da Manhã*.

A gravadora United Artists não perdeu tempo e licenciou da Copacabana um LP de Nelson em espanhol. O disco, chamado *Canción popular*, trazia doze versões em espanhol, com letras traduzidas por Curet Alonso, de sucessos de Nelson, como "Tudo passará", "A cigana", "Eu também sou sentimental", "Será, será" e "Canção popular". Nos anos seguintes, o LP seria lançado em vários países latinos, como México, Guatemala, Colômbia, Venezuela e Panamá, além de ganhar versões na Europa (França e Espanha) e na América do Norte (Estados Unidos e Canadá). Foi o primeiro disco gravado por Nelson em espanhol e lhe abriu o mercado latino-americano, onde ele faria ainda mais sucesso que no Brasil.

Mas não eram só os latino-americanos que estavam vidrados em Nelson Ned. Por volta de 1970, emissoras de rádio portuguesas começaram a tocar os discos do cantor em Portugal e nas colônias de Angola e Moçambique. Uma reportagem sobre Angola, publicada na edição de novembro de 1970 da revista *O Cruzeiro*, dizia: "Nossas músicas, de Nelson Ned a Roberto Carlos, vão diretamente à alma desses portugueses de sangue quente, que acompanham e vibram com o Brasil [...]. Nelson Ned e Agnaldo Timóteo ombreiam aqui com qualquer música angolana". Numa coluna que publicava na mesma revista, o apresentador de TV Flávio Cavalcanti escreveu: "Acreditem: o cantor brasileiro de maior cartaz em Angola e Moçambique, no momento (nem ele sabe), é Nelson Ned. Ídolo mesmo".

Em abril de 1971, Nelson Ned e Genival Melo embarcaram para os primeiros shows do cantor em Angola e Moçambique. Não sabiam o que esperar. Já tinham ouvido relatos sobre a popularidade de canções como "Tudo passará" e "Domingo à tarde" na África portuguesa, mas não tinham como prever a reação do público africano. Os voos foram exaustivos. Naquela época, para ir do Brasil a Luanda era preciso voar até Lisboa e fazer uma conexão de oito horas até a capital angolana, num percurso total de 14 mil quilômetros, mais que o dobro da distância entre São Paulo e Luanda.

O avião que levava Nelson Ned e Genival Melo desembarcou no aeroporto 4 de Fevereiro, em Luanda, em 16 de abril de 1971. Da janela, Nelson e Genival viram uma multidão cercando a pista de pouso. Um funcionário da companhia aérea se aproximou: "Por favor, esperem um instante, estamos aguardando a segurança". Genival perguntou: "Segurança? Para quem?". O funcionário respondeu: "Para os senhores. O aeroporto está lotado para ver o sr. Ned". Nelson olhou pela janela, como se não acreditasse: "Isso tudo é pra mim? Não é possível, meu Deus!", e começou a chorar. Nelson e Genival saíram do avião e, do topo da escada, viram o aeroporto tomado por uma multidão. Eles desceram a escada do avião, mas o público não reagiu. Genival olhou os rostos curiosos dos angolanos e logo percebeu o que estava acontecendo: eles não sabiam que Nelson Ned tinha nanismo. Em 1971, ainda não existia televisão em Angola (a primeira emissora local, a RTPA, seria inaugurada três anos depois). Os angolanos haviam se apaixonado por Nelson Ned ouvindo suas canções no rádio, mas nunca o tinham visto. Genival agiu rápido: "Sobe aqui, vai!", disse, agachando para que o cantor pudesse subir nos seus ombros. Nelson se acomodou em Genival e, diante da multidão, cantou, à capela:

Eu te dei meu amor por um dia
E depois, sem querer, te perdi
Não pensei que o amor existia
E que também choraria por ti...

Os angolanos explodiram em aplausos e gritos. Quando Nelson chegou ao refrão, o aeroporto inteiro cantava:

Mas tudo passa, tudo passará
E nada fica, nada ficará
Só se encontra a felicidade
Quando se entrega o coração

Nas três apresentações anteriores fora do Brasil, na Argentina, em 1967 e 1968, e nos Estados Unidos, em 1970, Nelson foi ovacionado, mas cantou em programas de TV e festivais e não era a atração principal. Aquele dia em Luanda marcou a primeira vez que um público estrangeiro mostrou idolatria por Nelson Ned. "Como lá não havia televisão, eles ouviram falar pelo rádio que eu era pequeno, mas não tinham uma informação concreta sobre o meu tamanho. Isso aumentou muito a curiosidade dos angolanos", disse o cantor. O famoso empresário musical brasileiro Marcos Lázaro, que cuidava da carreira de Roberto Carlos, Elis Regina e Wilson Simonal, estava em Luanda e presenciou o sucesso de Nelson: "Em Luanda, que não tem televisão, vi uma coisa que, se me contassem, eu não acreditaria: Nelson Ned lotando totalmente o cinema onde se apresentava e, depois, sendo aplaudido de pé".

A revista *Intervalo*, sob o título "Ned na África foi demais", publicou:

> No aeroporto de Luanda, os carregadores pararam tudo para aplaudi-lo, e três mil fãs cantaram suas músicas. Nelson Ned conquistou Angola e Moçambique, desta vez.
>
> Uma das mais sensacionais temporadas de artistas brasileiros no exterior acaba de ser cumprida por Nelson Ned, recebido em Angola [...] e Moçambique [...] por milhares de fãs, que cantavam suas músicas no aeroporto. Uma temporada de oito dias terminou sendo espichada para quinze, tendo o cantor brasileiro se apresentado, inclusive, em um hospital militar de Luanda, para ex-combatentes portugueses. "Os povos africanos se parecem demais com os brasileiros", conta Nelson, emocionado.
>
> "Não fora o sotaque um pouco diferente, pelo carinho e entusiasmo demonstrado, eu me sentiria perfeitamente em casa, exatamente como se estivesse em uma de nossas cidades do Nordeste. Aliás, embora a milhares de quilômetros do Brasil, posso dizer que me senti, realmente, cercado de amigos sensacionais. Que gente boa, esses nossos irmãos da África!"
>
> Em todos os espetáculos, para toda classe de público, as casas estiveram lotadas. Em Angola, onde o receberam cantando "Domingo à tarde" e "Tudo passará", Nelson Ned, que está em todas as paradas da África portuguesa, precisou deixar o aeroporto numa viatura policial, tal o assalto dos fãs.

Nelson Ned é recebido com festa no Hospital Militar de Luanda, em Angola.

A família de Nelson ficou em êxtase com as notícias do sucesso dele na África. Mas o relato mais comovente sobre a viagem veio de uma radialista angolana chamada Ruth Lais, que ficou tão empolgada com o que presenciou que resolveu escrever uma carta a Ned, mãe do cantor:

Luanda, 26 de abril de 1971
Exma. Senhora,

[...] Sou profissional da rádio há já treze anos; tenho tido imenso contato com artistas das mais variadas nacionalidades; tenho, por força da profissão, apresentado em palco esses mesmos artistas, mas, ao longo de todos estes anos, nunca, mas nunca, havia assistido a um sucesso tão grande, tão maravilhoso, como [o] desse artista que se chama Nelson Ned.

É humano, lógico, certo, que seu filho, ao regressar a esse portentoso Brasil, que admiro e que tenho a alegria de conhecer, conte quanto se passou nessa terra bem portuguesa. No entanto, quanto Nelson Ned contar ficará muito aquém da realidade, pois a verdade só seria possível assistindo, como eu e milhares de pessoas assistimos.

Tudo começou no aeroporto de Luanda, quando [...] chegou Nelson Ned.

Milhares de pessoas esperavam o seu ídolo. Esses mesmos milhares não perderam nenhuma oportunidade de seguir Nelson Ned, que se viu rodeado sempre de gente amiga, admiradora, que não se cansou nunca de lhe demonstrar quanto lhe quer. Foi uma semana inteira de fadiga, uma semana trabalhosa, mas, ao mesmo tempo, uma semana que, estou certa, Nelson Ned não esquecerá, como os luandenses não esquecerão. Pela primeira vez assisti à tomada de uma cidade por um artista, e nem aqueles que no auge da sua carreira haviam já visitado Luanda conseguiram superlotar, durante oito dias, as salas de espetáculo. Viveram-se oito dias de loucura, e essa loucura se chama NELSON NED.

Mal retornou da turnê pela África, Nelson recebeu outra grande notícia: Marli estava grávida. Amigos e familiares festejaram a novidade e parabenizaram o casal, mas, à boca pequena, debatiam a dúvida que afligia a todos: será que o bebê também sofreria de nanismo? Assim que souberam da gravidez, Marli e Nelson consultaram um especialista, que disse que o gene de Nelson era dominante e, por isso, os filhos do casal seriam, com certeza, pequenos. O que Marli e Nelson não sabiam é que o diagnóstico do "especialista" estava errado. A probabilidade de o casal ter um filho com nanismo era de 50%.

Em 23 de outubro de 1971, Nelson Ned Jr. nasceu no Rio de Janeiro. O parto de Júnior foi realizado na capital fluminense, para que Marli estivesse perto da família de Nelson. Genival Melo foi o padrinho. O cantor estava com a agenda de shows lotada e pediu à mãe e às irmãs que ajudassem Marli a tomar conta do recém-nascido. Marli diz que, nos primeiros meses de vida do filho, não era possível dizer se ele era pequeno. "Os braços e pernas eram normais até os seis meses, depois é que começamos a perceber as mudanças. O bebê começou a estufar o peitinho e ficar com a bundinha arrebitada, porque a coluna foi envergando, fazendo o S. Foi aí que tivemos a certeza de que ele era igual ao pai. Mas isso nunca foi uma questão para mim. Eu amava tanto o pai, que era pequeno, quanto o filho, que era igual." Nelson Ned estava em êxtase. Carregava fotos do bebê e mostrava para todos os amigos. Tinha um orgulho infinito do menino e da família que começava a construir. Prometeu a Marli que seguiria os conselhos da mãe, Ned, e criaria seu filho para o mundo, não um mundo para seu filho.

A chegada da criança coincidiu com um período frenético de shows e lançamentos de discos. Convites para turnês interna-

Pais orgulhosos: Nelson e Marli mostram Júnior.

cionais chegavam sem parar. Genival Melo fechou novas apresentações em Portugal, Angola e Moçambique, além de excursões na Venezuela, Aruba e Colômbia. Em 1972, Nelson faria seu primeiro show em Miami, na Flórida. Mas o cantor não esquecia o público brasileiro: em 1º de maio de 1972, apresentou-se num show gratuito na Quinta da Boa Vista, no Rio de Janeiro, em homenagem ao Dia do Trabalho. Ao fim desse show, Nelson saía em seu Impala com motorista particular quando ouviu batidas no vidro do carro. Surpreendeu-se ao reconhecer Ana, uma jovem empregada da casa dos D'Ávila Pinto, no Rio. Nelson não via Ana havia alguns meses, desde que ela tinha deixado o emprego.

"Ana, mas que surpresa!", disse Nelson.

"Seu Nelson, graças a Deus consegui falar com o senhor. Queria dizer que eu tive uma filha, o nome dela é Monalisa."

"Mas que nome lindo, Ana, meus parabéns."

"Só tem uma coisa, seu Nelson: ela é sua filha!"

5. A conquista da América

Nelson Ned retorna ao Brasil depois do triunfo no Carnegie Hall; atrás dele estão a mãe, Ned, o pai, Nelson, e o empresário Genival Melo.

Ana não sabia o próprio sobrenome. No registro era Ana Reis, mas isso porque o avô nasceu em 6 de janeiro, Dia de Reis, e, tendo sido abandonado pela mãe e adotado por uma família, ganhou um sobrenome que homenageava o dia santo. A família que adotou o menino vivia numa fazenda próxima a Ubá e se compadeceu ao descobrir que o bebê era o primeiro de cinco irmãos que não morreu de fome antes de completar um ano. Em 1952, Ana Reis, neta do menino adotado, nasceu em Ubá. No fim dos anos 1960, ela se mudou para o Rio com a irmã mais velha, Terezinha, e acabou contratada como empregada na casa dos D'Ávila Pinto. Os Reis e os D'Ávila Pinto já se conheciam de Ubá.

Ana tinha dezoito anos em 1970, quando se apaixonou por Nelson Ned. O cantor morava em São Paulo, mas ia frequentemente ao Rio para shows, entrevistas e gravações e sempre ficava hospedado na casa da família. Nelson e Ana se encontravam às escondidas, tomando cuidado para não serem descobertos pelos pais e pelas irmãs de Nelson. Em meados de 1971, quase na mesma época em que Nelson e Marli comemoravam a primeira gravidez, Ana Reis descobriu que estava grávida de Nelson Ned. O que ocorreu depois é, até hoje, motivo de discórdia na família. Monalisa diz que a mãe, Ana, foi expulsa de casa pela avó, Ned: "Minha mãe ficou grávida e foi contar para minha avó, mas não disse que estava grávida do meu pai. A minha avó a chamou de vagabunda pra baixo, humilhou, falou que ela tinha dado pra metade do prédio e mandou ela embora". Ana foi pedir abrigo à irmã, Terezinha, que morava com o marido e dois filhos numa favela no bairro do Cocotá, na Ilha do Governador, Rio de Janeiro.

Terezinha tem outra versão: diz que Ana não contou à família de Nelson sobre a gravidez e que foi Ana que pediu para sair do emprego: "Quando ela ficou grávida, não queria falar dessa gravidez pra ninguém da família dele. Ana veio morar com a gente. Eu perguntei o que ela queria fazer, e ela disse: 'Nada, só quero ficar aqui pra ganhar o meu bebê". E assim foi". Em 18 de janeiro de 1972, quase três meses depois do nascimento de Nelson Ned Júnior, nascia uma menina, que Ana chamou de Monalisa. Os médicos do Hospital Paulino Werneck, na Ilha do Governador, imediatamente diagnosticaram que a menina tinha nanismo.

Terezinha diz que, se dependesse de Ana, Nelson Ned morreria sem saber que tinha uma filha, mas a condição clínica de Monalisa obrigou Ana a pedir ajuda. A criança apresentou alguns problemas de saúde, chorava muito, e um médico disse que a bebê precisaria de cuidados especiais por causa de desvios na coluna. Ana ficava desesperada com o choro insistente de Monalisa e, por isso, resolveu procurar Nelson, o pai da criança.

Naquela tarde, na Quinta da Boa Vista, Nelson ficou atônito com a revelação de Ana. Tudo que conseguiu fazer foi entregar um cartão com os contatos de Genival Melo: "Esse aqui é meu empresário. Estou voltando para São Paulo agora, mas liga pra ele e vamos resolver isso". Assim que chegou a São Paulo, Nelson telefonou para Genival e contou o ocorrido. Poucos dias depois, Genival embarcou para o Rio, pegou um táxi no aeroporto, foi à casa de Terezinha, viu Monalisa e ligou para Nelson: "Pode vir que a filha é sua!".

Novamente, são conflitantes as versões sobre o que ocorreu depois. Monalisa diz que foi simplesmente tomada pela família de Nelson, à revelia de Ana. A irmã de Ana, Terezinha, diz que Ana sabia que não tinha condições financeiras de cuidar da menina e optou por deixá-la com os pais de Nelson. O que se sabe é que Monalisa foi tirada da guarda da mãe e levada para a casa dos avós. Depois, sabe-se lá como, foi registrada como filha dos avós. Nos documentos da criança, ela era filha de Nelson e Ned e, portanto, irmã do pai. A família escondeu a história de Monalisa por muitos anos. Ela só voltaria a ter contato com a mãe duas décadas mais tarde.

Se a vida de Nelson Ned já estava agitada, a chegada de duas crianças num intervalo de três meses bagunçou ainda mais as coisas. A revelação de que Nelson tivera uma filha com a empregada dos pais dele foi uma humilhação para Marli. Monalisa estava na casa dos avós, no Rio, quando Marli engravidou novamente. Em 5 de dezembro de 1973, nascia Veronica, segunda filha de Marli e Nelson — e terceira filha dele. Veronica também sofria de nanismo. Com a grana que jorrava de discos e shows no exterior, Nelson comprou uma casa confortável de dois andares no Alto da Boa Vista, Zona Sul de São Paulo, com quatro suítes, sala de estar, sala de jantar, jardim, piscina, quarto de empregada e canil. Pagou em dinheiro vivo. Nelson e Marli ficaram na suíte principal, que tinha um imenso closet e banheira de hidromassagem.

Instalados na nova casa, Marli e Nelson decidiram reunir toda a família, e Monalisa foi trazida do Rio para juntar-se a Júnior e Veronica. Júnior ficou sozinho numa suíte, enquanto Mo-

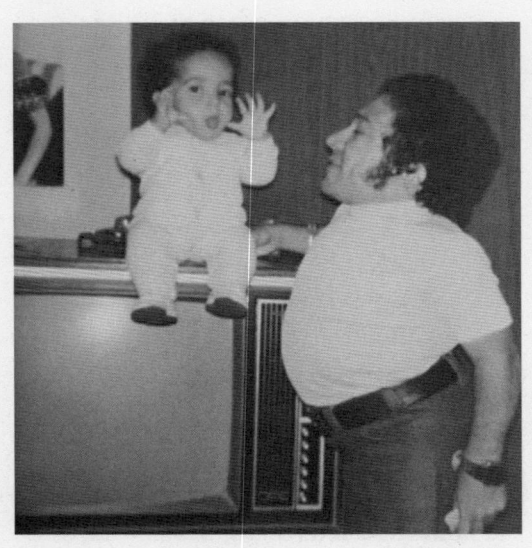

Pai-coruja: Nelson brinca com a caçula Veronica.

nalisa e Veronica dividiram outro quarto. Com o aumento do número de shows no exterior e as prolongadas ausências de Nelson e Marli — ela acompanhava o marido em várias turnês —, o casal decidiu contratar uma babá, Lucinda Ramos de Lima, para morar na casa e tomar conta das crianças. Depois, Neuma, irmã de Nelson, também veio ficar com a família para ajudar a cuidar de Júnior, Monalisa e Veronica.

Naquela época, os shows eram pagos em *cash*, e Genival saía de teatros e ginásios carregando maletas lotadas de notas, às vezes escoltado por seguranças armados. Era um hábito perigoso. Em Caracas, invadiram o quarto do empresário e roubaram uma mala com 13 mil dólares, uma fortuna na época. Nelson tinha dificuldades para comprar roupas do seu tamanho e, por isso, encomendava ternos, calças e camisas a um alfaiate. O cantor tinha um pé pequeno — calçava 33 — e mandava um sapateiro fazer suas botas e sapatos, que tinham solado alto. Nas turnês, quem lavava e passava suas roupas era Marli: "Só você sabe exatamente como eu gosto da minha roupa", dizia Nelson à esposa.

Os convites para shows internacionais não paravam de chegar. Genival Melo percebeu que era hora de montar uma equipe para fazer as turnês com Nelson. Naquela época, eram poucos os artistas que podiam arcar com os custos de excursionar com banda própria. O mais prático e econômico era viajar com um maestro e um ou dois músicos que já estivessem habituados ao repertório e contratar bandas ou orquestras em cada país. Assim, Genival montou um núcleo que acompanharia Nelson por muitos anos: além do próprio Genival, que cuidaria de toda a parte burocrática e receberia os cachês, Nelson viajaria com o maestro Osni Cassab e o baterista Raymundo Vigna. Outra adição à trupe foi um venezuelano um ano mais novo que Nelson, mas que já tinha experiência em produção de shows e tv: Pedro Michelena.

Nelson conhecera Michelena em 1971, na primeira turnê

do cantor pela Venezuela. Michelena trabalhava na Radio Caracas Televisión, e Nelson foi participar de um programa da emissora. Dois anos depois, Genival Melo contratou o venezuelano para ser assistente pessoal de Nelson Ned e ajudá-lo nas turnês internacionais. Salário: quinze dólares por dia, mais hotel e comida. Bom para a época. Quando não estava em turnê com Nelson, Michelena morava na casa de Genival, em São Paulo, e ajudava o empresário a cuidar de shows de Agnaldo Timóteo e Claudio Fontana no Brasil.

Nessa turnê venezuelana de 1971, Nelson Ned foi vítima de um engano que virou manchete internacional: quando o cantor subiu ao palco da boate Teorema, em Caracas, foi cercado por vários policiais e recebeu ordem de prisão. "Cantei quatro números no bico das metralhadoras", disse Nelson à revista *Intervalo*. Levado à delegacia, foi informado de que a Interpol, a Organização Internacional de Polícia Criminal, havia pedido sua prisão por golpes que somavam 1 milhão de dólares. "Ninguém fez nada para me tirar de lá. O Genival, que poderia fazer alguma coisa, também estava preso, pois agredira os guardas que tinham ido me prender. Eu já estava pensando em uma espécie de complô contra mim. Alguém desejaria me destruir. Lembrei-me dos romances policiais e acreditei, pela primeira vez, naquelas tramas violentas e inacreditáveis de suas histórias." Nelson ficou preso por um dia inteiro, até que a Interpol recebeu uma radiofoto do vigarista e percebeu que ele media 1,80 metro. O sujeito se chamava Nei Nélson da Costa Mazzutti e havia aplicado inúmeros golpes usando o pseudônimo Nelson Ned. "O cantor recebeu pedidos de desculpas [...] e voltou à liberdade para cumprir os seus contratos com a boate e a tv. Agora, com a boate mais cheia ainda", publicou a *Intervalo*.

No início de 1972, Nelson Ned fez sua primeira excursão pelos Estados Unidos. Os shows foram promovidos por Rafael Diaz

Gutierrez, que havia levado o cantor pela primeira vez ao país dois anos antes, no Festival da Canção Latino-Americana. "Nunca vi um artista fazer tanto sucesso em tão pouco tempo", disse Gutierrez à imprensa. Nelson fez nada menos que catorze apresentações no Boulevard, um teatro de 1839 lugares no Brooklyn, em Nova York, seguidas por seis datas no teatro Plaza, de 2151 lugares, no Queens. Depois de Nova York, Nelson Ned e trupe viajaram para Canadá, República Dominicana e Porto Rico, antes de voltar aos Estados Unidos para uma temporada em Miami.

Nessas primeiras turnês, Nelson e sua trupe ainda não estavam acostumados ao luxo e à ostentação. Foi Genival que ensinou a turma a se comportar como astros. Num passeio de iate pelos mares da Flórida, a convite de um contratante, o garçom perguntou se eles gostariam de uma bebida. Nelson pediu uma taça de vinho branco, e Vigna, um suco de laranja. "Puta que pariu, vocês são uns pés-rapados mesmo", esbravejou Genival. "Garçom, traga para nós uma garrafa de Dom Pérignon." Quando o garçom saiu de perto, Genival deu uma lição que Vigna nunca esqueceria: "Quando um contratante oferecer algo, peça sempre o mais caro, ou ele vai achar que você é um pobre que aceita qualquer cachê".

Em Santo Domingo, capital da República Dominicana, Nelson deu uma entrevista coletiva na luxuosa boate Mirador, onde se apresentou com ingressos esgotados. Ainda na capital, fez um show para 2 mil pessoas, na Concha Acústica, antes de viajar para um concerto beneficente para crianças carentes em San Pedro de Macorís. Mas sua maior apresentação no país seria em Santiago: um show no estádio Cibao, com capacidade para 18 mil pessoas.

O público de Nelson Ned, mesmo nos Estados Unidos, era predominantemente latino, e ele se preocupou em aperfeiçoar o domínio da língua espanhola para poder se comunicar com os fãs. Nelson tinha o dom da oratória e começou a criar frases que repetiria nos shows por muitos anos, inclusive brincando com a própria estatura: "Fui tirar uma foto para o passaporte e saí de corpo inteiro", dizia, para gargalhadas da plateia. "Vocês me conhecem, sou um homem pequenino, mas partes de mim são muito grandes..." A plateia começava a rir, quando ele completava: "... como o meu coração!" Antes de apresentar uma canção desbragadamente romântica, como "Se as flores pudessem falar", "O riso que eu perdi" ou "Tudo passará", Nelson dizia: "O general se conhece pelo número de medalhas que traz no peito... E o romântico, pela quantidade de feridas em seu coração". O público vibrava. Em 1972, Nelson lançou seu quinto álbum em português, que saiu simultaneamente no Brasil, em Portugal e nas colônias portuguesas de Angola e Moçambique. O disco fez imenso sucesso com canções como "Dá-me, dá-me, dá-me", "As velhas árvores da praça", "Minha vida daria um livro" e "A Bíblia".

O sucesso de Nelson Ned no exterior era tão grande que jornais e revistas brasileiros, mesmo os que torciam o nariz para o cantor, não podiam ignorá-lo. Uma coluna na revista *Manchete* publicou: "Nelson Ned, um grande cantor tamanho de bolso, é sucesso presentemente no Teatro Capitólio, de Lisboa [...]. Os imaginosos empresários forjaram um curioso slogan para o minicantor de voz estentórica: 'Este homem não se mede aos palmos! Mede-se às palmas!'". A mídia brasileira não cansava de publicar piadas sobre a altura do cantor. Uma coluna no jornal *Tribuna da Imprensa* disse: "Criança não paga no restaurante Rose. E o Nelson Ned?". No mesmo jornal, o colunista de música, Roberto Moura, criticou o Festival da Canção e da Voz de Porto Rico por ter dado o prêmio de segundo lugar a "O amor vence outra vez", canção de Nelson Ned defendida por Wanderley Cardoso: "De repente, o público de lá pensa, com toda razão, que Wanderley Cardoso e Nelson Ned têm muito a ver com a música brasileira".

Foram poucas as vozes que defenderam Nelson na imprensa. No jornal *Diario de Pernambuco*, a colunista Adeth Leite escre-

Nelson pula no palco durante show em Luanda, Angola.

veu: "Hoje resolvi mostrar a injustiça que muita gente anda fazendo ao cantor brasileiro Nelson Ned, pequeno no tamanho, mas gigante como cantor. Tem gente que tem até medo de tocar neste assunto, como se falar em Nelson fosse algum crime, alguma vergonha, perda de tempo ou coisa parecida. Raramente destaques são dados a ele, mesmo estando seus discos em todas as paradas de norte a sul do país. Certos produtores de televisão perseguem Nelson. Não querem pagar cachês no mesmo valor de Gal Costa, Elis, Caetano, Chico, Tim Maia e outros. Soube que Silvio Santos teve a coragem de chamá-lo para fazer o papel de anãozinho num quadro da Branca de Neve, no qual Antônio Marcos e Vanusa fariam o Príncipe e a Branca [de Neve], respectivamente [...]. Posso dizer que, no momento, Nelson é o cantor brasileiro de maior expressão nas Américas, faturando o que poucos cantores já faturaram no exterior".

Fosse um homem de personalidade mais tranquila e apaziguadora, Nelson Ned poderia ter dado uma trégua à imprensa e se comportado de forma humilde e diplomática. Mas ele nunca gostou de diplomacia. Desde o dia em que foi chamado de "anãozinho" na escola em Ubá, aprendeu que porrada se devolvia na porrada. "Já me apresentei em lugares que nunca foram visitados por outros artistas brasileiros", disse à revista *Destino*. "Tenho músicas gravadas em português, espanhol, francês, inglês e italiano. E, no entanto, na minha própria terra, não me respeitam. Nos Estados Unidos não existe essa mania de brasileiro, de que todo mundo já era. Não existe essa discriminação musical: bolero é cafona, tango não presta. Lá, seja qual for o estilo, o artista é respeitado, sem esse clima de agressão psicológica. O músico brasileiro é muito desunido, sempre que pode, pisa no colega para poder subir. [...] Tenho certeza do meu valor e por isso sou superior a essas críticas destrutivas, sinônimo de despeito e incapacidade profissional."

Como as emissoras de TV lhe negavam os mesmos cachês de outros astros da música brasileira, Nelson tomou uma decisão: só iria aos programas de apresentadores amigos, como Chacrinha e Silvio Santos. O colunista de TV do jornal *Tribuna da Imprensa*, Abel Lumer, escreveu: "Encontro com Ned Helena, irmã de Nelson Ned, e pergunto por que o Nelsinho anda tão arredio à TV. 'Olha, o Nelson já entrou naquela fase da carreira [em] que não necessita mais da TV. Além do mais, está sempre viajando muito. Aqui, ele só faz TV recebendo o seu justo valor. Por promoção, não precisa. Por gratidão, só o Chacrinha, a quem deve tudo'". Depois que Júnior nasceu, vários programas de TV convidaram Nelson para mostrar o filho diante das câmeras, mas ele deu exclusividade a Silvio Santos e, em maio de 1973, apareceu carregando Júnior, que tinha um ano e meio, durante o quadro "Grandes Momentos".

Embora suas músicas já estivessem nas paradas de sucesso nas Américas e em partes da Europa e da África, Nelson percebia,

Nelson com dois apresentadores de TV que sempre o apoiaram: Chacrinha e Silvio Santos.

a cada país que visitava pela primeira vez, que muita gente ainda não sabia que ele era pequeno. Quando chegou a Porto Rico, combinou com o baterista Vigna que pregaria uma peça na imprensa: Vigna saiu do avião e se apresentou aos repórteres como Nelson Ned. O baixinho ficou só de canto, rindo. "Que merda é essa, Nelson?", disse Genival. Vigna deu entrevistas para TVs, tirou fotos e assinou autógrafos, até que Nelson se deu por satisfeito: "Muchachos, Nelson Ned soy yo!". A risada foi geral.

No início de 1973, Nelson e trupe viajaram para fazer seus primeiros shows na Colômbia. Nada poderia prepará-los para a recepção que teriam: no aeroporto El Dorado, em Bogotá, havia uma multidão esperando pelo cantor. O grupo saiu de lá e foi até o luxuoso Hotel Tequendama, a catorze quilômetros dali. Nelson foi num carro conversível, ao lado de Pedro Michelena. Durante todo o trajeto, pessoas acenavam de calçadas e janelas. Nelson já estava estourado no país com músicas românticas como "Déjenme si estoy llorando" e "Si las flores pudieran hablar", mas explodiu mesmo quando as rádios passaram a tocar canções religiosas, como "La Biblia" e "Yo necesito conversar con Dios".

O primeiro show de Nelson Ned na Colômbia foi um dos maiores de toda a carreira do cantor, quando ele estava às vésperas de completar 26 anos. Uma reportagem das agências Asso-

Fãs saúdam Nelson Ned na Colômbia.

O primeiro show em Bogotá, diante de 80 mil pessoas.

Nelson Ned era tão popular na Colômbia que andava escoltado por policiais e soldados.

ciated Press e Ansa, publicada em 13 de fevereiro de 1973 em vários jornais brasileiros, dizia: "O cantor Nelson Ned obteve grande
sucesso em sua apresentação de ontem, em um auditório ao ar livre, nesta capital [o Media Torta, em Bogotá], com um público
estimado em 80 mil pessoas. O jovem cantor é um dos ídolos de
música romântica mais popular da Colômbia. Os principais jornais colombianos destacaram em suas páginas o êxito de Nelson
Ned, através de grandes reportagens. *El Espectador*, em manchete
de quatro colunas na primeira página, disse: 'Loucura por Nelson
Ned. Sensacional êxito!'. *El Gráfico* apresentou uma reportagem
colorida, com a foto de Ned, tendo ao fundo a multidão. [...] 'O
brasileiro Nelson Ned reuniu mais público do que qualquer outro
artista estrangeiro nos últimos anos', disse o diretor de Extensão
Cultural [da prefeitura de Bogotá], Gustavo Adolfo Gordillo". Depois do triunfo em Bogotá, Nelson se apresentou em Medellín,
Cali, Barranquilla, Bucaramanga e Santa Marta. As multidões
eram tão grandes que o cantor precisava de escolta militar para
andar pelas ruas. Mesmo extasiado com a recepção dos colombianos, Nelson não reagia bem a comentários sobre sua altura.
Numa coletiva de imprensa, quando uma repórter lhe perguntou
se não se sentia complexado por sua estatura, mandou na lata:
"Eu me sentiria mais complexado se tivesse a sua cara!".

Quem visitou Bogotá naquele período foi a famosa escritora
e jornalista norte-americana Joan Didion, uma das grandes representantes do "Novo Jornalismo" dos anos 1960. Em um texto
chamado "Em Bogotá", depois incluído na celebrada coletânea de
artigos *O álbum branco*, Didion escreveu: "Cheguei a Bogotá em
um dia de 1973 em que as ruas pareciam banhadas pela névoa,
pela luz delicada e brilhante e pela voz conhecida e amplificada
de Nelson Ned, um anão brasileiro cujos álbuns tocavam em todas as lojas de discos".

A crescente demanda por shows internacionais fez um bem danado às finanças de Nelson Ned. Por outro lado, as viagens longas e cansativas prejudicavam sua saúde. Incontáveis horas em aviões e carros lhe causavam dores por todo o corpo, especialmente na região lombar. Um ortopedista indicou uma cirurgia no quadril, mas Nelson disse que estava muito ocupado com shows e que faria a cirurgia quando possível. Nunca fez. Em vez disso, começou a abusar de analgésicos e anti-inflamatórios. O baterista Vigna estava com Nelson num voo internacional, de madrugada, quando foi acordado pelo cantor:

"Vigna, acorda. Você sabe aplicar injeção?"

"Injeção? Eu, não, Nelson. Nunca fiz isso."

"É moleza: você olha a racha da bunda, traça uma cruz imaginária no meio e dá a picada na parte de cima, à direita."

Nelson entregou a Vigna uma seringa com um líquido amarelado e baixou as calças ali mesmo, no corredor do avião, para que Vigna lhe aplicasse a injeção.

O simples ato de caminhar alguns passos era doloroso para Nelson Ned. Cantar de pé, por uma hora ou mais, era uma tortura. Ele desenvolveu uma técnica em que usava o pedestal do microfone como apoio para aliviar o peso na coluna. Orgulhoso, Nelson nunca aceitou usar bengalas ou muletas e odiava ter de pedir a alguém para ajudá-lo a atravessar a rua. Mesmo assim, era comum que Genival ou algum outro membro da trupe de Nelson lhe prestasse auxílio de vez em quando, oferecendo o braço para que Nelson pudesse se apoiar. Dudu França, então um dos mais requisitados cantores de estúdio de São Paulo e que participou, como corista, de vários discos de Nelson, estava andando pelo Centro de São Paulo com um amigo, quando encontraram Genival andando de mãos dadas com Nelson. "E aí, Genival, vai comer?", brincou o amigo. E Genival, que adorava uma piada, disse: "Não, só vou fazer um lanchinho!".

Nas viagens, Nelson passou a levar uma maleta com injeções e todo tipo de remédio contra a dor. Vigna tornou-se o aplicador oficial de injeções nas turnês. Por vezes, Nelson só conseguia subir ao palco depois de tomar uma injeção. Genival pedia a promotores locais indicações de médicos que pudessem prescrever receitas para remédios. Com exceção de Nelson e dos médicos, ninguém mais sabia o que continham aquelas ampolas, mas é muito provável que fossem analgésicos à base de morfina, que podem causar problemas de visão e complicações nos rins, além de constipação.

Uma cirurgia seria o caminho mais indicado para diminuir as dores de Nelson Ned, mas implicaria vários meses de recuperação e tratamento, e ele estava ocupado demais ganhando dinheiro. Em 1973, a Copacabana pôs na praça o quinto LP de estúdio do cantor, chamado, inexplicavelmente, *Volume 3*. O álbum trouxe sucessos como "Eu tenho pena de nós dois", "Deus abençoe as crianças" e "Ninguém irá te amar mais do que eu", além da surpreendente "Traumas de infância", uma letra autobiográfica em que Nelson expunha, pela primeira vez, a infelicidade conjugal dos pais:

> *Alguma coisa em nossa casa não vai bem*
> *E eu já vi que você pensa assim também*
> *Um grande abismo de silêncio lentamente*
> *Separou as nossas vidas, ficou tudo diferente*
>
> *Nossos diálogos tão rápidos, tão frios*
> *Demonstram nossos sentimentos tão vazios*
> *O nosso amor entrou em crise de repente*

E por isso urgentemente nós devemos conversar

Eu tenho traumas de infância
Pois quando eu era criança
Vi meus pais brigarem tanto
Que agora eu me espanto
E me voltam essas imagens
De meus pais entre nós dois

E eu que sofri as consequências
De tantas ignorâncias
Aprendi que é importante
Ser amigo e ser amante
Ajudemos um ao outro
A salvar o nosso amor

Nelson foi ao programa de Silvio Santos para divulgar o novo LP e cantou "Deus abençoe as crianças". Naquele dia, uma das convidadas do júri era uma pedagoga que perguntou ao cantor: "Nelson, quando foi que você conseguiu superar o seu problema?". A resposta de Nelson foi tão eloquente que deixou o auditório em silêncio: "Eu nunca me superei, porque eu nunca fui um obstáculo para mim mesmo. A gente só supera obstáculos, e eu nunca fui um. Em primeiro lugar, eu me amei, eu me amo, eu gosto de mim. Eu aprendi a viver comigo e aprendi que, se eu não gostar de mim em primeiro lugar, ninguém vai gostar de mim".

No mesmo ano, 1973, a Copacabana lançou a primeira coletânea de Nelson Ned, como parte de uma série chamada "Colagem". A lista dos outros nomes homenageados na série, todos com carreira bem mais longa que a de Nelson — Ângela Maria, Inezita Barroso, Moacyr Franco, Elizeth Cardoso, Agnaldo Rayol e Dolores Duran —, dava uma boa ideia da fama e do sucesso obtidos pelo cantor em tão pouco tempo.

Mesmo com toda a sua popularidade no Brasil, os shows no país eram bem mais modestos do que as apresentações no exterior. Se, em Bogotá, Nelson foi recebido por uma multidão no aeroporto e cantou para 80 mil pessoas, no Brasil, boa parte de suas apresentações ocorria em churrascarias e clubes sociais. No Recife, Nelson se apresentou no clube São Luiz, no bairro Bomba do Hemetério, num show que teve ainda o grupo Os Águias do Limoeiro. Não demorou para Genival Melo concluir que a carreira de Nelson precisava ser direcionada a turnês no exterior, especialmente nos Estados Unidos, que pagavam em dólar e eram bem mais rentáveis que apresentações em solo nacional. Durante o ano de 1973, três LPs de Nelson gravados em espanhol apareceram entre os dez discos mais vendidos em Nova York na parada semanal "Hot Latin LPs" da revista *Billboard*: em fevereiro, *Si las flores pudieran hablar* atingiu o oitavo lugar; em março, *El pequeño gigante* chegou ao quinto lugar; e, em maio, *Volume 3* ficou em quarto lugar na parada. Genival fechou uma longa turnê para o início de 1974, que começou em Portugal, com shows em Setúbal, Porto e no Teatro Monumental de Lisboa, onde Nelson recebeu um troféu como o artista brasileiro mais famoso no país no ano de 1973. Depois de Portugal, a turnê prosseguiu por três meses pela América do Norte e América Central.

Osni Cassab não pôde viajar nessa turnê e foi substituído pelo maestro Aluízio Pontes, amigo de Nelson desde os tempos de dureza na Boca do Luxo de São Paulo. Pontes se surpreendeu com a grandeza da produção dos shows de Nelson no exterior. Um de seus primeiros concertos com o cantor foi num cassino luxuoso na República Dominicana. A orquestra contratada tinha cerca de quarenta músicos de várias nacionalidades: latinos, alemães, japoneses, suecos, todos ótimos instrumentistas. A equipe de Nel-

Nelson Ned se apresenta em Lisboa.

son chegou ao cassino dois dias antes do show, e o cantor pediu a Pontes que mudasse os arranjos de algumas canções. Pontes disse que seria impossível escrever os arranjos e ter tudo pronto em dois dias sem a ajuda de um copista (profissional responsável por copiar à mão, nas partituras, os arranjos para diferentes instrumentos). Nelson disse: "O copista já está aqui na porta, eu mandei chamar". Na hora do concerto, Pontes ficou boquiaberto: o palco tinha duas plataformas, uma que levantava o piano de cauda e a outra em que ficava o maestro. Dois sujeitos se aproximaram dele: um maquiador, que botou pó em seu rosto, seguido por um técnico de som, que colocou um fone em seus ouvidos e o orientou sobre a posição em que ele deveria ficar no palco. "Mais pra frente, bem aqui." Pontes pensou: "E se não soar bem?". A insegurança era justificada: não houve ensaio, e ele nunca havia regido aqueles músicos. "Quando chegou a hora, nem me comunicar com os japoneses e alemães eu conseguia. Só fiquei quieto, estiquei a varinha, aquela tensão, a varinha começou a tremer, e eu pensei: 'Meu Deus, me ajuda'. Eu tava naquela agonia, e passa o Nelson atrás de mim: 'É foda, bicho, quer me acompanhar, tem que tomar no rabo mesmo!'. Eu falei: 'Sai daqui, filho da puta, você tá me deixando nervoso!'."

Na primeira noite de shows no cassino, Nelson começou a cantar "Tudo passará", quando o microfone falhou. Nelson jogou o microfone no chão, foi na frente do palco e começou a cantar no peito. Foi ali que Aluízio Pontes realmente percebeu o cantor extraordinário que era Nelson: "O bicho virou um tomate, ficou vermelhinho, cantando sem microfone. O público veio abaixo com aquele cara soltando um som de Pavarotti, o povo todo de pé, aplaudindo, e eu só não fiz o mesmo porque estava regendo. Fiquei pensando: como ele fez isso? Que carta é essa que ele tira da manga e faz uma coisa dessas?".

Os shows foram triunfais. O dono do cassino, um bonachão apelidado Don Papito, tratou Nelson, Genival e a trupe com a deferência reservada a grandes astros. Eles passaram dias na piscina, tomando champanhe e comendo lagosta. Genival e Nelson não saíam da roleta. O pianista e arranjador José Carlos Mendes, o "Ringo", que depois gravaria vários discos com Nelson e era convidado habitual nos almoços na casa do amigo Genival Melo, diz que o empresário sempre falava desses shows no cassino: "Genival contava que ele e Nelson ganharam tanto dinheiro no cassino que ficaram na cama contando grana, os dois pelados, jogando aquele monte de dinheiro pro alto, uma chuva de notas caindo em cima do outro. O Genival falava pra mim: 'Ringo, eu pulei em cima dele gritando 'Nelsinho, estamos ricos!'".

Em 1974, Nelson, de olho no mercado latino, teve a ideia de fazer uma versão em espanhol para a canção "Parabéns, parabéns querida", do amigo Claudio Fontana. "Happy Birthday, My Darling" saiu como compacto nos Estados Unidos. Apesar do título em inglês, a letra era cantada em espanhol, e a música explodiu

Anúncio da gravadora United Artists Latino, publicado na imprensa norte-americana, destaca o single "Happy Birthday, My Darling", de Nelson Ned.

nas rádios e TVs latinas. O sucesso foi tão grande que a gravadora United Artists pagou anúncios de página inteira em revistas como *Billboard*, *Cash Box* e *Record World* e incluiu a música no disco *Nelson Ned en acción*, quinto LP de Nelson Ned lançado nos Estados Unidos. A gravadora Copacabana e a Editora Irmãos Vitale, que faturavam alto com o licenciamento internacional dos discos de Nelson, tinham dificuldade para dar conta do número de pedidos de selos internacionais que queriam lançar os trabalhos do cantor. LPs de Nelson Ned saíram em Portugal, México, Colômbia, Uruguai, Argentina, Panamá, Peru, Venezuela e Chile. Com o sucesso, começaram a pipocar também discos piratas do cantor por toda a América Latina e Central. Luiz Vitale, um dos sócios da Irmãos Vitale, foi à Colômbia verificar boatos de discos lançados sem autorização e deparou com um cenário de faroeste. Na sede de uma gravadora, foi recebido pelo dono, um empresário de lutas de boxe que mantinha um revólver em cima da mesa.

A turnê norte-americana de 1974 terminaria com uma sequência impressionante de shows: primeiro, 24 datas com três shows por noite no Casino Royal, na Cidade do México, seguidas por 22 datas no Centro Español de Miami. O clímax aconteceria em 16 de junho, com a primeira apresentação de Nelson Ned no mitológico teatro Carnegie Hall, em Nova York. Quando Genival Melo contou onde fechara um show, Nelson chorou. "Cantar [lá] significa para o artista o mesmo que para o muçulmano significa ir a Meca, ou para o católico ir à basílica de São Pedro, ou para o evangélico ir à Palestina. É o máximo. Naquele teatro costumam se apresentar cantores e músicos do porte de um Frank Sinatra [...]. Aquele palco é inatingível para quase todos os ar-

Marquise do Casino Royal, na Cidade do México, onde Nelson Ned fez três shows diários durante 24 dias.

tistas latino-americanos. O movimento da bossa nova nasceu nos Estados Unidos, no palco do Carnegie Hall. O João Gilberto, o Antônio Carlos Jobim e vários outros artistas [...], juntos, iniciaram o movimento, cantando ali [em 1962]. Mas cantei lá sozinho."

O cartunista Henfil, que passava uma temporada tentando a carreira em Nova York, escreveu, a pedido do amigo e editor Tárik de Souza, um artigo sobre a popularidade de Nelson Ned nos Estados Unidos:

Brasil? Você é do Brasil! Mucho gusto. Nelson Ned! Nelson Ned! Passei a ser alguém especial no meu prédio da rua 70 para os três porteiros porto-riquenhos.

Mas primeiro vem a vergonha de ver que o grande ponto de referência que encontrei sobre o Brasil, nos EUA, é o cantor de zona. Depois, com a insistência dos elogios, comecei safadamente a procurar informações sobre Nelson Ned, para "trocar" por um tratamento mais simpático por parte da massa hispano-americana. Me interessar pelo repertório, altura real, quantos filhos (serão anões também?) e até uma forjada intimidade com ele. Ter estudado, no Colégio Lúcio dos Santos, em Belo Horizonte, com Nelson, ajuda a te fazer aceito.

O chofer não se continha: "Hermano, ele é pequeno, mas é mais inteligente que nós todos. Tem voz de macho. Canta em inglês, em espanhol, em português e italiano! Machuca o coração da gente. Já me fez chorar, acredita? Já chorei ouvindo o 'Parabéns...'".

Pois é isto aí, meninos. Eu vi. Em Nova York tem dois canais de TV para os porto-riquenhos. E o Nelson, pelo menos uma vez por mês, faz um programa sozinho, de uma hora, em cores, cada música um cenário. Num espanhol perfeito, ele chora, ele para a música e declama recomendando amor pelos pais, pela amada. Um dia o cenário foi uma mesa de jantar com um bolo imenso, cheio de velas acesas, champanhe nos copos, e o Nelson, abotoaduras gigantes e reluzentes, chorou sua música, a tristeza de estar sozinho no aniversário.

Acredito que no El Barrio, onde se concentram 80% dos porto-riquenhos, o nó na garganta deve ter sido geral.

Nelson Ned é um dos mais importantes cantores do povão porto-riquenho nos EUA. Os cucarachas são os escravos modernos aqui. São eles que fazem serviços que nem os pretos fazem mais. Logo, Nelson é o cantor dos escravos americanos.

Roberto Carlos? Muito sofisticado. Aparece vez por outra nos canais latinos, nas rádios. Vende seus discos. Dá show nos clubes. Mas não é igual ao Nelson. Roberto aparece "entre outras atrações" na TV, nunca num programa só pra ele. E é anunciado sem empostação de voz pelos locutores. Nunca igual NNNNeeeellllsssssooooonnnnn Ned! E não lotou por duas noites o Carnegie Hall, como o Nelsinho. Acredito também que Roberto não tenha seu retrato emoldurado, descansando nas penteadeiras porto-riquenhas.

A notícia de que Nelson Ned se apresentaria no Carnegie Hall teve grande repercussão no Brasil. Os defensores de Nelson na imprensa, como Chacrinha, vibraram: "A verdade é uma só, mas cadê que os cronistas sofisticados, e a muitos interesses ligados, têm coragem de dizer?", publicou o Velho Guerreiro em sua coluna no jornal *Tribuna da Imprensa*. "Negam, e muito, o êxito do Nelson Ned. Chamam-no de 'cafona' e tantas besteiradas que nem vale a pena citar. E, no entanto, ele é o cantor brasileiro que mais se apresenta no exterior." No *Jornal do Brasil*, o crítico musical Tárik de Souza escreveu: "Tremei, sacrossantos cultores da sagrada bossa nova. Dia 16 de junho vosso venerado templo [...] será ocupado nada menos, nada mais que por Nelson Ned, emérito bolerista e baladista lacrimoso. [...] Ned vem acompanhado por um rastilho de êxitos nos países latino-americanos e na América Central, [e] apontado em alguns anúncios como *el numero uno, autentico gigante de la canción y otras cositas más*. As listas de êxitos latinos das publicações *Record World*, *Disco Revista* e *El Hit Parade de Nueva York* apontam 'Happy Birthday, My Darling' [...] no primeiro lugar em vendas". Tárik de Souza estava certo: a edição de 15 de junho de 1974 da revista *Billboard* informava que Nelson Ned liderava a parada de discos latinos em Miami. O quarto colocado era um tal de Julio Iglesias.

Antes de cantar no Carnegie Hall, Nelson lotou todas as apresentações na Cidade do México e Miami. O Casino Royal recebeu tantos pedidos de ingressos que pôs Nelson para fazer três shows seguidos. Eddy Martinez, promotor dos concertos no Centro Español, em Miami, disse à revista *Billboard* que mais de 2 mil pessoas ficaram de fora do primeiro show no local. Nos shows da colônia cubana de Miami, onde era muito famoso, Nelson dizia frases de impacto, que apelavam diretamente ao saudosismo dos cubanos por seu país: "Um cubano pode sair de Havana sem nada no bolso, mas ele sempre leva um pedaço de Cuba em seu coração". Os fãs choravam. Dias antes do concerto no Carnegie Hall, Nelson foi atração de um programa de uma hora de duração na wxtv, emissora hispânica do grupo mexicano Univision. Com tanta publicidade, os promotores decidiram que um concerto no Carnegie Hall não seria suficiente, e agendaram outra apresentação para as 14h30 do mesmo dia. Os ingressos para os dois shows acabaram em minutos.

No domingo, 16 de junho de 1974, pouco antes do início do primeiro show no Carnegie Hall, Nelson Ned pediu que lhe aplicassem uma injeção. A agenda extenuante de concertos e entrevistas lhe causava dores terríveis na coluna e no quadril, e ele precisava de um alívio para poder curtir aquele dia tão especial. Antes das apresentações, Nelson foi presenteado com um Disco de Ouro dado por sua gravadora na América do Norte, a United Artists Latino: "Pelo êxito extraordinário de seus cinco lps, coroado pelo atual número um 'Happy Birthday, My Darling'". Nelson tinha noção da importância histórica daquelas apresentações. "Eu estava ali, naquela inesquecível noite de consagração e triunfo, sob a luz dos refletores, pisando pela primeira vez o palco do Carnegie Hall, em Nova York, vendo a multidão à minha frente, ouvindo aplausos, ouvindo muitas pessoas gritando meu nome. Quase chorei de medo e de emoção. E, enquanto as músicas que eu cantava desenhavam no ar curvas multicoloridas de expressões românticas e gestos de carinho (não sei por que, mas sempre consegui visualizar a força expressiva que uma bela música produz no espaço à minha frente, quando estou cantando), imaginei-me menino ainda na pequena cidade de Ubá, interior de Minas Gerais, cidade onde nasci, cidade onde me criei."

A orquestra começou a tocar a introdução de "Canción popular", a música que Nelson defendeu no Festival da Canção Latino-Americana de Nova York, em 1970, e que foi seu primeiro lançamento em espanhol. A emoção cresceu em "Todo pasará", "Si las flores pudieran hablar", "La Biblia", "El tiempo borró" e "Déjenme si estoy llorando", até chegar ao ápice no encerramento do show, com o recente sucesso "Happy Birthday, My Darling". O público ficou de pé para aplaudir o Pequeno Gigante da Canção. Do Carnegie Hall, Nelson retornou ao Brasil. Um de seus primeiros shows foi na Churrascaria Cinderela, em Campo Grande, Zona Oeste do Rio, que pertencia ao compositor Adelino Moreira. O cartaz da noite dizia: "Nelson Ned — 80 centímetros de voz e personalidade".

6. Nedlândia

Monalisa, Júnior e Veronica.

"Era uma vez, há centenas e centenas de anos, um reino muito feliz e próspero, onde não havia fome ou pobreza. Seus cidadãos viviam contentes e cantando pelas ruas. O rei era um homem sábio, e a rainha, uma mulher belíssima e bondosa, que se preocupava com o bem-estar do povo. O príncipe, Nelson Júnior, era um verdadeiro galã, que deixava as súditas suspirando de amor. E as princesas, Monalisa e Veronica, eram jovens deslumbrantes, adoradas pelos súditos. Nesse reino, todos eram pequenos, com exceção dos bobos da corte, que eram altos. Esse reino se chamava Nedlândia."

De noite, antes de dormir, Júnior, Monalisa e Veronica se deitavam ao lado do pai para ouvir a saga de Nedlândia, o reino encantado e feliz, dominado por pessoas pequenas. As crianças vibravam com as histórias. Na escola, Veronica dizia às coleguinhas: "Cala a boca, que eu sou a princesa de Nedlândia!". Nelson nunca dizia aos filhos que eles eram deficientes, mas, sim, que tinham uma "singularidade física" que os tornava especiais. Isso foi libertador para as crianças, porque elas puderam se colocar no mundo de uma forma singular. Quando Silvio Santos perguntou a Nelson, durante um programa, se o cantor usava sua baixa estatura para atrair a atenção do público, Nelson respondeu: "Eu sempre tive por norma nunca traficar com a minha singularidade. Ela está em mim apenas como um detalhe, como se eu fosse louro, ou fosse negro, só isso. No disco, as pessoas não têm estatura e nem cor, então, se eu vendo disco, se as pessoas compram os meus discos e se vão aos meus shows, elas não vão pelos meus centímetros, elas vão para ver aquilo que elas já conhecem do meu trabalho. Eu costumo chamar a minha estatura de singular. E a singularidade, hoje em dia, é uma arma, é uma vantagem".

Na casa luxuosa de Nelson Ned, não havia sanitários rebaixados ou cadeiras altas. Quer usar o espelho? Sobe na escadinha. Vamos jantar? Então cada um senta na sua almofada. Júnior, Monalisa e Veronica aprenderam a se virar sozinhos. Nelson era um pai afetuoso. Quando viajava para shows no Brasil ou no exterior, ligava todos os dias para os filhos, que mal podiam esperar pela volta dele, sempre cheio de histórias e presentes. Nelson amava loucamente as crianças e fazia tudo por elas. A casa dos D'Ávila Pinto era uma festa constante, cheia de primos e amiguinhos das crianças, e Nelson comandava a farra. Uma das brincadeiras mais esperadas era a do "Fantasma": as crianças se escondiam pelos quartos da casa, enquanto Nelson jogava um lençol branco por cima do corpo, pegava um velho chicote da fazenda de Ubá e ia de quarto em quarto: "Eu sou o fantasma... e estou em busca de crianças aaaaaaas...", estalando o chicote no chão. A molecada adorava. Apesar da felicidade que viviam em família, Nelson e Marli decidiram não ter mais filhos. Marli sugeriu que Nelson fizesse uma vasectomia, mas ele recusou: "De jeito nenhum, essa operação pode me deixar broxa!". Logo depois do nascimento de Veronica, Marli fez uma cirurgia de ligação de trompas. Ela tinha 22 anos.

A casa virou um ponto de encontro para amigos de Nelson e Marli. Claudio Fontana e a esposa, Malu, moravam perto e estavam sempre nos churrascos de domingo, servidos à beira da piscina e preparados por equipes que Nelson contratava das melhores churrascarias de São Paulo. Genival Melo, Moacyr Franco, Vigna, Pedro Michelena, os maestros Otávio Basso e Osni Cassab, Agnaldo Timóteo, Carmen Silva e Raimundo José eram presenças constantes. Ronnie Von, Jô Soares e Silvio Santos apareciam de vez em quando. Até astros internacionais, como os cantores Lucho Gatica e Armando Manzanero, passaram tardes agradáveis na casa, tomando banho de piscina e degustando carnes de primeira.

Em maio de 1974, a Copacabana lançou o sexto LP de Nelson, *Aos românticos do mundo*. A contracapa trazia fotos de apresentações do cantor no exterior, em estádios e teatros lotados na

Genival Melo (de branco) e seu poderoso time de astros: Cláudio Fontana, Moacyr Franco, Nelson Ned (com a esposa, Marli), Carmen Silva e Agnaldo Timóteo.

Colômbia, Portugal, Venezuela e Moçambique, além de imagens de Nelson ganhando a Chave de Ouro da cidade de Miami e sendo recebido pelo vice-presidente da República Dominicana. A impressão é de que Nelson queria provar que realmente fazia sucesso internacional e estampou seus muitos triunfos na contracapa do disco. O LP foi outro estouro de vendas, emplacando nas rádios brasileiras hits como "Eu fui feliz e não sabia" e "Quem é você?". A versão espanhola do LP foi lançada nos Estados Unidos, México, Colômbia, Guatemala, Venezuela, Panamá e Equador.

Estilisticamente, *Aos românticos do mundo* marcou uma guinada de Nelson em direção a letras mais simples e diretas, muito influenciadas por Roberto Carlos. "Roberto revolucionou a composição romântica. Aquela coisa de 'O ronco barulhento do seu carro, a velha calça desbotada ou coisa assim' e 'Até as frases do meu português ruim', eu achava o máximo, foi uma coisa revolucionária. Eu estava fazendo uma música romântica convencional. A minha linha era Evaldo Gouveia e Jair Amorim, que, pra mim, junto com Lupicínio Rodrigues, são os maiores compositores. Mas aí veio o Roberto e trouxe uma linguagem moderna para a música romântica."

O triunfo no Carnegie Hall acirrou ainda mais as brigas na imprensa entre detratores e defensores de Nelson Ned. No jornal *O Estado de S. Paulo*, o colunista A. Ribeiro, numa reportagem publicada no início de 1975 sobre a indústria musical brasileira, lamentava que Roberto Carlos teria supostamente se bandeado para o lado da música mais popular e comercial: "É um campo marginal, inabalável no número de gravações e vendagem: Waldick Soriano, Cláudia Barroso, Nelson Ned, Lindomar Castilho, Agnaldo Timóteo, Altemar Dutra, Jerry Adriani, Wanderley Cardoso, e os do gênero continuam suas andanças pelo país, faturando alto. E Roberto Carlos, em 74, decidiu-se definitivamente nesse mercado marginal: ele agora é o rei do bolero eletrificado, disfarçado em música de juventude". *O Pasquim*, a bíblia da esquerda brasileira, não perdia uma chance de zombar de Nelson: "[O pintor] Toulouse-Lautrec vem obtendo relativo êxito como cantor com o nome artístico de Nelson Ned". Também no *Pasquim*, Millôr Fernandes escreveu: "Nelson Ned ganha prêmio em Porto Rico (deve ser porque o país também é pequenininho)".

Chacrinha — sempre ele — saiu em defesa do amigo: "Uma grande parte da imprensa está contra a música e os cantores brasileiros. É aquela coisa da crítica apoiar um grupelho de falsos cantores e compositores que tenta cada vez mais se aproximar da asneirice total. Atrás do Caetano, do Gil, do Chico, do Vinicius, do Tom Jobim, do Paulo e Marcos Valle, segue um comboio de autênticas nulidades, que a tal parte da imprensa força a barra, em detrimento do Agnaldo Timóteo, Nelson Ned, Antônio Marcos, Vanusa, Wanderléa, Claudio Fontana, Elza Soares, Benito Di

Paula, Tim Maia, Osvaldo Nunes, Pedrinho Rodrigues, Lindomar Castilho e tantos outros. Quando o Chacrinha, aqui, diz que a tal parte da imprensa está contra, é porque a dita silencia e ignora por completo o pessoal desse segundo grupo, não citando seus nomes [...] em seus roteiros de diversões". Chacrinha mandou um recado para Ronaldo Bôscoli, que continuava malhando Nelson: "Meu jovem e caro amigo Bôscoli: o Nelson Ned está lá nos Estados Unidos. Foi para realizar 55 concertos. Não interessa onde. [...] Se é para a colônia latino-americana também não interessa. O importante é que o Nelson Ned até o momento foi o único cantor [brasileiro] contratado para fazer 55 espetáculos nos Estados Unidos! Se fosse a Gal, se fosse o Caetano, o Gil, outro cara qualquer da RCA Victor, você estaria batendo palmas e tecendo os maiores elogios. É isso mesmo, meu caro. O Brasil é o único país do mundo em que se 'classificam' artistas".

Nelson com troféus e prêmios que recebeu pelas vendagens expressivas de seus discos.

No programa de Silvio Santos, Nelson contou que o compacto da música "Happy Birthday, My Darling" havia vendido 1 milhão de cópias nos Estados Unidos e que planejava gravar cada vez mais em inglês: "Eu tenho que tentar novos mercados, porque eu sou um cantor romântico. Eu não represento a música popular brasileira, eu represento a música que eu componho, a música romântica brasileira, que também é uma realidade no Brasil, embora não seja rotulada como tal. Então, naturalmente, como eu canto para outros países, eu levo as minhas composições em outros idiomas. E agora, muito modestamente e muito despretensiosamente, nós estamos gravando em inglês, para tentarmos o mercado mais importante, principalmente da música, que é o mercado em inglês".

Numa coluna intitulada "Nelson Ned, milionário", Chacrinha descreveu um almoço na casa do cantor: "Que almoço, meu filho! Que casa, minha senhora! Três carros parados na porta, sendo um deles uma Mercedes do último tipo, verdinha. E mais um Dodge Dart e uma Variant. A esposa do cantor, Marli, é uma figura encantadora. [...] O Nelson Ned Júnior, com apenas três anos de idade, já está tocando cavaquinho. [...] Formam uma linda família. [...] Dentro de mais um ano, posso acrescentar, o Nelson Ned vai residir fora do Brasil, onde é amado e respeitado por todos". Ao *Jornal da Tarde* Nelson declarou: "No Brasil, existe uma discriminação sistemática de certa parte da imprensa ao tipo de música que eu faço. Nos Estados Unidos, há coexistência pacífica de todos os estilos. Basta ter capacidade de amar, para compreender as mensagens de minhas músicas. Um artista não defende bandeiras, nem ideologias políticas. Tem apenas que mostrar sua arte".

Nelson Ned nunca defendeu, em sua música, ideologias políticas, mas também não escondia suas posições conservadoras. Era ferrenho opositor do regime castrista em Cuba. Nelson e

Marli tinham vários amigos cubanos que moravam em Miami e o casal se emocionava com os relatos de famílias que tiveram de deixar Cuba. "Certa vez, um dos representantes do governo cubano procurou-me oferecendo dinheiro para eu ir cantar no Palacio del Pueblo [Palacio de la Revolución], em Havana", disse Nelson. "'Nós lhe pagaremos 30 mil dólares [...]. Depositaremos o dinheiro em um banco em Miami. Você terá liberdade para cantar o que quiser, só não poderá falar mal do presidente Fidel Castro durante as entrevistas.'" Nelson disse: "E eu lhe ofereço 35 mil dólares para você calar a boca agora, voltar para seu país e dizer a Fidel Castro que eu não canto para ditador". Nelson morreria sem botar os pés em Cuba.

Se Cuba não veria Nelson Ned, a América do Norte continuaria a implorar por mais e mais shows. Em 1975, Nelson e Marli embarcaram para uma turnê por Estados Unidos, Canadá e México. Além do público latino, essa excursão contemplaria a comunidade portuguesa nos Estados Unidos, com shows em Nova Jersey e Connecticut. Marli e Nelson decidiram levar Júnior, que tinha quase quatro anos. Monalisa e Veronica ficaram em São Paulo com a babá, Lucinda, e a tia, Neuma. Nelson telefonava todo dia para falar com as filhas. Também enviava aos pais, Nelson e Ned, cartões-postais das cidades que visitava. Os textos que Nelson escrevia nos cartões davam uma boa ideia do sucesso das turnês. O primeiro cartão-postal trazia a foto de uma luxuosa suíte do Hotel Sheraton — Four Ambassadors, em Miami:

> Miami, 15 de março de 1975,
>
>> Querida mamãe,
>> Este é o hotel [onde] estamos aqui. São duas piscinas, sendo uma de água do mar. [...] A suíte é exatamente igual a esta aí da foto, com cozinha e tudo. Os dias aqui estão lindos e o Júnior está preto

de sol. Semana que vem vamos à Disneyworld. Tenho feito mais sucesso agora que [em] todas as outras vezes, com as casas sempre lotadas. [...]

Do filho, Nelson Ned

Cidade do México, 17 de abril de 1975,

Querida mamãe,

[...]

Aqui estamos botando pra quebrar no México. Estou cantando no melhor hotel daqui, que se chama Fiesta Palace, onde atuam só as maiores estrelas do mundo. Já sou bem mais conhecido, e todas as noites sou muito aplaudido. Creio que, da próxima vez, já serei um ídolo aqui, pois é o país que mais paga ao artista. Também de saúde, estou ótimo! Ficarei aqui até o dia 26, [no] dia 27 vou a Chicago fazer um show, depois volto dia 28 para cantar no interior do México. E dia 14 de maio vou para os Estados Unidos cantar em Nova York, Washington, Texas, e depois vou para a Espanha. Marli e Genival mandam beijos.

Seu filho, Nelson Ned

Nelson dizia estar "ótimo" de saúde, mas a verdade era outra. As viagens de avião e ônibus estavam forçando demais sua coluna e seu quadril, e ele precisava recorrer, cada vez mais, a injeções de anestésicos e anti-inflamatórios. Costumava tomar uma injeção na manhã de cada show. "Me dá a picada, que de noite eu preciso estar bom", dizia ele a Marli, que logo aprendeu a aplicar injeções. Marli o repreendia, mas sempre dava as injeções, porque não suportava ver o marido com dor. E quem via Nelson Ned no palco, sorrindo, jogando beijos para a plateia e recebendo flores, não podia imaginar a dor que ele sentia antes de cantar.

O uso contínuo de remédios começou a prejudicar a visão de Nelson Ned. Ele era míope e usava óculos grossos, e os médicos sempre o alertaram de que pacientes com displasia espondiloepifisária tinham mais chance de sofrer degeneração e descolamentos de retina. Por volta de 1975, ele começou a ficar com a visão mais embaçada, especialmente no olho direito. Nelson tinha pavor de ficar cego, mas recusava qualquer sugestão de cirurgia ou tratamento, com a desculpa de que isso atrapalharia sua carreira. Para piorar a situação de saúde, começou a cheirar cocaína. "Eu estava realizando uns shows em Miami, quando [uma] mulher veio encontrar-se comigo no quarto do hotel [...]. Ela disse-me: 'Trago um pouco de cocaína. Quer provar?'. Estávamos sentados tomando champanhe [...] e, antes mesmo que eu respondesse, ela colocou uma pitadinha de coca na boca e me deu um beijo. Em seguida, cheirou um pouco do pó com uma nota de cem dólares. Deu-me também para cheirar, eu cheirei e imediatamente senti uma grande euforia."

Morfina, champanhe, cocaína, uísque, mulheres... Nelson Ned mergulhou de cabeça em todos os prazeres possíveis. Era jovem, era rico, passava meses e meses longe de casa, muitas vezes sem a vigilância de Marli. A partir da segunda metade da década de 1970, enquanto o dinheiro continuava a jorrar em quantias cada vez maiores, sua vida, especialmente na estrada, virou uma esbórnia. Depois dos shows, as luxuosas suítes dos hotéis em que ele se hospedava viravam cenários de orgias intermináveis, que incluíam músicos, amigos e muitas mulheres. Genival chegou a botar um segurança na porta do quarto de Nelson, controlando a entrada e saída de mulheres.

Nelson desenvolveu uma técnica de sedução quase infalível. Ele costumava usar na camisa, durante os shows, uma abotoadura banhada a ouro, com o nome "Nelson Ned". Nas festinhas pós-show, quando fãs faziam fila para falar com ele no camarim e alguma mulher chamava sua atenção, ele a presenteava com a

Nelson com as famosas abotoaduras que usou para "comer metade do México".

abotoadura: "Você é uma mulher muito especial e merece um presente especial. Gostaria que aceitasse essa pequena amostra de minha admiração". "O baixinho comeu metade do México com aquelas abotoaduras", diz Vigna.

O uso constante de remédios, álcool e cocaína deixou Nelson sujeito a variações abissais de humor. Genival, Vigna e os outros membros da trupe se surpreendiam com explosões de fúria que pareciam vir do nada. Em Toronto, no Canadá, Nelson quase saiu no braço com o motorista de uma limusine, sem razão aparente. Na manhã seguinte a uma noite de sexo, pó e uísque, ele entrava num estado de depressão profunda. "Essas piranhas só querem meu dinheiro", dizia ele. "Nenhuma delas gosta de mim, só trepam comigo porque sou rico. No fundo, me acham feio e desprezível."

Marli sofria com a infidelidade de Nelson e sabia o que o marido andava aprontando na estrada. Isso causou muitos atritos entre os dois, e o casamento começou a ruir. Nelson ainda tentou remediar a situação e organizou uma cerimônia tardia de casamento com Marli, cinco anos depois do início do romance, mas não adiantou. Em São Paulo, os motoristas que trabalhavam para Nelson contavam a Marli as escapulidas quase diárias do marido para boates nas imediações da praça Roosevelt, no Centro. Sair com outras mulheres tornou-se uma atividade tão corriqueira para Nelson que, em determinado momento, ele passou a convidar Marli para juntar-se a ele em noitadas a três. Uma vez, em Miami Beach, Nelson levou Marli para uma boate e apresentou-a a uma mulher lindíssima chamada Adela. Os três conversaram por um tempo. Nelson pediu champanhe, eles brindaram, e Marli e Adela dançaram na pista, enquanto Nelson admirava a beleza das duas. Quando voltaram à mesa, Nelson atacou:

"Adela, que tal a Marli aqui? *Guapa*, não?"

"Sim, é uma mulher muito atraente."

"Que tal a gente fazer um programa, nós três?"

Marli se enfureceu: "Olha, com ela pode ser que eu faça, mas se você entrar, mato você. Você é meu marido".

"Marido?", disse Adela. "Nelson, você não me disse que a Marli era uma fotógrafa brasileira, amiga sua?"

Nelson ficou sem graça e desconversou. Adela e Marli riram da situação. Viraram amigas íntimas por muitos anos.

No início de 1976, Nelson sofreu um descolamento de retina no olho direito. Foi operado em São Paulo e passou quatro semanas em recuperação. A cirurgia não deu certo. Desesperado, ele investiu uma fortuna no melhor tratamento que o dinheiro poderia pagar: foi para Miami e procurou o Bascom Palmer Eye Institute da Universidade de Miami, considerado um dos centros oftalmológicos mais avançados do mundo, onde foi operado três vezes pelo dr. Edward W. D. Norton, fundador do instituto e chefe do Departamento de Oftalmologia da Universidade de Miami. O dr. Norton disse que Nelson precisaria fazer uma vitrectomia, a retirada do vítreo, o fluido gelatinoso do globo ocular, e sua substituição por outra substância. Na época, um dos maiores especialistas mundiais nesse tipo de procedimento era o alemão Robert Machemer, chamado em artigos de "O pai da moderna cirurgia de retina". Dr. Machemer realizou a operação, mas nem ele conseguiu salvar o olho. Nelson Ned ficou cego do olho direito.

O cantor entrou numa depressão profunda. "No meu desespero, na minha ânsia de ser curado, ficava acordado a noite toda. De madrugada, ligava o rádio e ouvia o Nelson Ned cantando, enquanto eu estava ali, na cama daquele hospital, correndo o risco de perder totalmente a visão, porque o meu olho esquerdo também começou a apresentar problemas. [...] Tinha muito medo de ficar totalmente cego. Não queria me transformar no Stevie Wonder dos brasileiros, ou numa espécie de Jorge Luis Borges do poema-canção latino-americano." Nelson relatou sua angústia ao amigo Osni Cassab, maestro de sua banda, que estava trabalhando em Los Angeles. Osni, um homem muito religioso, foi encontrar Nelson em Miami e disse que o cantor só tinha uma saída para livrar-se do pesadelo de luxúria e pecado em que sua vida havia se transformado: aceitar Jesus Cristo. Nelson foi com Osni para Los Angeles e batizou-se numa piscina na igreja do pastor Raymond Boatright, um norte-americano que estivera no Brasil na década de 1950 participando de cruzadas de evangelização e tinha ajudado na fundação da Igreja do Evangelho Quadrangular. De volta ao Brasil, Osni apresentou Nelson ao pastor Cássio Colombo, que liderava o movimento Cristo Salva. Impressionado com as pregações do pastor Colombo, Nelson prometeu que seu próximo disco seria dedicado apenas a temas religiosos.

A ideia não foi recebida com entusiasmo pela gravadora Copacabana. Nelson era um dos maiores vendedores de discos da empresa no Brasil, junto com Benito Di Paula e Ângela Maria. No exterior, nenhum artista da gravadora se aproximava dos núme-

Batismo em Los Angeles com o reverendo Raymond Boatright.

ros de venda dele. A Copacabana havia sido vendida em 1973 para a gravadora Beverly, de propriedade de Adiel Macedo de Carvalho. Adiel era filho de evangélicos e sabia o potencial de vendas de discos religiosos. Sob sua administração, a Copacabana lançou LPS como *Os mais belos hinos do cantor cristão*. Mesmo assim, ele ficou reticente em permitir que seu maior astro gravasse um disco religioso, fugindo do estilo romântico que o havia consagrado. Em 1976, o contrato de Nelson com a Copacabana estava prestes a acabar. Ele disse a Adiel que aceitaria uma redução no valor do contrato se a gravadora permitisse o lançamento de um álbum de temas religiosos. Com medo de perder o maior faturamento da empresa, Adiel aceitou. Em dezembro de 1976, saía *O poder da fé*, primeiro disco gospel de Nelson Ned. O LP tinha doze faixas, com nove composições inéditas de Nelson, e abria com o hino "Vencendo vem Jesus". A primeira faixa do lado B era um salmo declamado pelo radialista Gioia Júnior, então deputado federal pela Arena, partido que apoiava o regime militar. Na contracapa, Nelson mandou publicar um aviso: "Todos os direitos autorais e fonomecânicos pertencentes ao cantor serão doados totalmente para a edificação do Evangelho de Nosso Senhor Jesus Cristo".

Nelson parecia realmente empenhado em divulgar as palavras de Cristo: convocou um grupo de amigos — Roberto Carlos, Ângela Maria, Agnaldo Rayol, Wanderley Cardoso, Altemar Dutra, Roberto Leal, Wando, Paulo Sergio e o deputado Gioia Júnior — e organizou o Encontro Nacional da Música Cristã, no Ginásio do Ibirapuera. Nelson pagou do próprio bolso pela impressão de 20 mil Bíblias, que foram presenteadas ao público. Sua cruzada de fé e harmonia incluiu ainda a autoria do prefácio de um livro chamado *Do casamento ao divórcio: A procura da verdade*. "Este livro nasceu do coração de uma mulher, a autora Zuleika Maria Alves, que luta para que haja mais harmonia em cada lar", escreveu o cantor. "O homem e, principalmente, a mulher, sem orientação sobre o casamento, são como um barco perdido em alto-mar. Espero que este livro lhes sirva como uma bússola da salvação, para que não seja tudo em vão."

Mas quem precisava de uma bússola no casamento era o próprio Nelson. O lançamento de um disco gospel e a guinada evangélica em nada modificaram sua busca pelo prazer. "O Nelson Ned dissoluto, sedento de glória, cheio de vícios, arrogante, pronto para reagir com violência diante de provocações, continuou a existir em mim." Quando estava em São Paulo, Nelson saía do escritório de Genival Melo e, antes de ir para casa, dava "uma passadinha" nas boates da Major Sertório. "Ih, dona Marli, eu deixei ele perto da praça Roosevelt, não sei aonde ele foi", dizia o motorista. Nelson chegava em casa de madrugada, e o pau quebrava entre ele e Marli.

Se, perto da esposa, Nelson já aprontava, quando viajava ao exterior, perdia qualquer inibição. Num show em Santo Domingo, capital da República Dominicana, disse ao público: "Quero

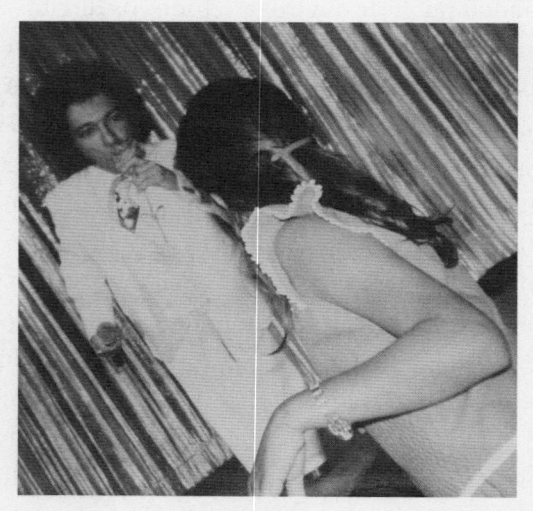

No palco, Nelson enlouquecia as fãs com gestos sedutores.

apresentar a todas as mulheres presentes um homem muito charmoso, bonito e interessante, meu maestro, Osni Cassab. E saibam que o Osni, assim como eu, é solteiro". Em Porto Rico, Nelson teve um caso com uma miss local, uma mulher estonteante, que o acompanhou em diversos shows por outros países próximos. De vez em quando, ele mandava buscar em Nova York uma mulher misteriosa, apelidada pela trupe de Fifi, que dizia ser uma socialite do jet set nova-iorquino e frequentadora de discotecas como o Studio 54.

No México, colunas de fofocas disseram que Nelson teve um filho com uma bailarina que conheceu num cassino: "O astro virá ao país para reconhecer o bebê", publicou o jornal *Avance*. "A mulher que mais me atrai é a mexicana", afirmou Nelson ao *El Nacional*. "As mexicanas são doces, ternas e carinhosas e, além de sua beleza física, têm uma beleza espiritual que supera a de muitas outras. Fazem um belo par com os homens brasileiros, pois também somos muito carinhosos." Nelson gostava tanto das mexicanas que, em 1977, fez um show gratuito no Presídio Feminino da Cidade do México.

Não era só Nelson que aproveitava a imensa oferta de mulheres fáceis nas turnês: toda sua trupe se divertia a valer. O maestro Aluízio Pontes estava dormindo num hotel luxuoso em Santo Domingo quando foi acordado por batidas violentas na porta. Abriu e deparou com uma mulher linda: "Esse não é o quarto do Vigna?", perguntou a moça. "Não, minha filha, o Vigna fica aqui ao lado." Num show em Miami, Nelson dividiu o palco com a cantora cubana Celia Cruz. Depois do espetáculo, Nelson, Vigna, Celia e duas cantoras de apoio da banda dela fizeram uma festinha particular na suíte do hotel, que terminou com Celia e Vigna trocando juras de amor numa praia, diante dos primeiros raios de sol.

A intimidade entre Nelson e os integrantes de sua equipe era total. No café da manhã, eles davam risadas lembrando as peripécias da noite anterior. Genival contava sobre os rapazes que havia levado para o quarto. Osni, muito tímido e religioso, era alvo frequente das piadas da turma. Nelson era chamado de "Miúdo", enquanto Vigna era "Grandão". Vigna brincava com a baixa estatura de Nelson, que retrucava: "Mamãe, mamãe, me faz bem grandão pra eu ficar bobão, aí em cima, sozinho". Num hotel em Toronto, os dois entraram num elevador, de madrugada, e deram de cara com duas mulheres altas, louras e muito bonitas, que pareciam mãe e filha. "Olha que piteuzinhos", disse Nelson para Vigna, em português. "Grandão, vamos fazer o seguinte: eu como a mãe, e você come a filha. Depois, a gente vai até a cobertura e troca, que tal?" E caíram na gargalhada. O elevador parou num andar alto. A mulher mais velha virou-se e disse: "Boa noite, Nelson Ned".

O sucesso de Nelson, tanto no Brasil quanto entre o público latino em todo o mundo, não dava sinais de diminuir. Em agosto de 1976, o *Jornal do Brasil* publicou uma reportagem sobre a isolada tríplice fronteira do país com Bolívia e Peru: "Em Bolpebra [na Bolívia] há apenas um destacamento de dez militares. Em Iñapari [no Peru] há um [...] pequeno vilarejo. Os soldados, nessa cidade pachorrenta, tranquila, quase parada, logo perguntam se temos discos 'de Roberto Carlos e Nelson Ned'. Permanecem o dia inteiro, com uma velha vitrola movida a pilha, ouvindo dois compactos desses dois cantores". Bem longe dali, em cidades um pouquinho mais agitadas — Cidade do México, Miami e Nova York —, Nelson continuava fazendo sucesso. Em janeiro de 1977, "Quien eres tu" estava em quinto lugar na parada de compactos na capital mexicana. No mesmo ano, o LP *El romantico de America* ficou em segundo lugar nas paradas de vendas em Miami, atrás apenas de Julio Iglesias. E, em junho de 1977, Nelson e Carmen Silva representaram o Brasil num grande show de música latina no Madison Square Garden, em Nova York.

No Brasil, as brigas com Marli continuavam. Cada vez que

ela descobria uma infidelidade do marido, ameaçava largá-lo. Nelson chorava, pedia perdão e prometia se regenerar, mas, no dia seguinte, sumia de novo e passava a noite em algum inferninho. Um dia, depois de uma discussão especialmente violenta, Marli perdeu a paciência: "Vou embora!". "Então vai!", disse Nelson. Ela foi. Saiu de casa e nunca mais voltou. Para maltratar ainda mais o orgulho do machão latino, Marli logo começou a namorar uma médica e, depois, entrou de sócia na Bughouse, uma conhecida boate gay da região da rua Augusta. Marli fez amizade com muitas mulheres que trabalhavam nas imediações das ruas Major Sertório e Nestor Pestana, e elas não perdiam uma chance de fofocar para ela sobre o ex-marido: "Ih, Marli, ontem à noite o Nelson foi na Kilt e pagou champanhe pro lugar todo, saiu de lá às quatro da manhã com duas meninas". Marli não queria nem saber. "Eu não controlava o Nelson quando era casada com ele, vou querer controlar agora?" Nelson perdeu a mulher, mas não o bom humor. De madrugada, ele subia a rua Martinho Prado sentado no banco de trás de sua Mercedes verde, mandava o motorista parar em frente ao Ferro's Bar, tradicional ponto de encontro gay, e dizia, com aquele vozeirão: "Sapatões do meu Brasil, boa noite. Alguém viu a minha mulher por aí?".

7. El Negro

Nelson é recebido no palacete de Arturo Durazo Moreno (à esq.).

Em 1978, Nelson Ned estava hospedado no Hotel del Prado, na Cidade do México, onde faria uma série de shows, quando o gerente do hotel o procurou: "Senhor Nelson, hoje à noite teremos um convidado de honra: o General Durazo virá para ver o concerto". À época, Arturo Durazo Moreno era um dos homens mais temidos do México, chefe do Departamento de Polícia e Trânsito da capital e homem forte do então presidente, José López Portillo.

Apelidado "El Negro", Durazo Moreno era baixinho e forte, semianalfabeto e arrogante. Nunca tinha entrado para as Forças Armadas, mas exigiu do presidente Portillo a inédita insígnia de general cinco estrelas. Portillo, seu amigo de infância, concordou. Moreno se comportava como o dono da Cidade do México: andava em comboios de carros oficiais, cercado por batedores de motocicleta que paravam o trânsito para ele passar. Entre 1976 e 1982, enquanto comandou a polícia da capital, "El Negro" liderou um esquema de corrupção, tráfico de drogas, proteção a criminosos, chantagem, sequestros e execuções que o tornou multimilionário. Era um homem extremamente violento, mas leal aos amigos. E simplesmente *amava* a voz de Nelson Ned. Naquela noite, no Hotel del Prado, Arturo Durazo Moreno chorou ao ouvir Nelson cantar "El reloj", "Perfume de gardenia" e "Todo pasará".

Dias depois, Nelson, Genival, Vigna e Michelena embarcaram em carros oficiais e foram à casa de campo de Durazo, uma propriedade nababesca apelidada de "Cabana Suíça", localizada cerca de quarenta quilômetros ao sul da Cidade do México. "El Negro" os esperava no imenso jardim, cercado por um grupo de mariachis que tocava músicas tradicionais mexicanas. "Bem-vindos à minha modesta casa", brincou Moreno. A "modesta" propriedade do falso general tinha, além de um palacete, vários lagos, hipódromo, heliporto, um haras e uma discoteca que replicava a famosa Studio 54, em Nova York.

A trupe de Nelson passou o dia todo lá, comendo pratos típi-

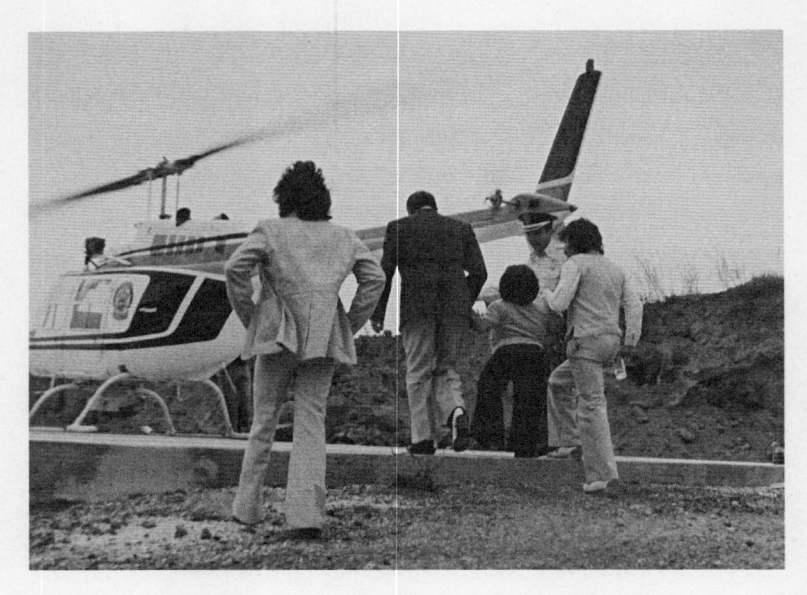

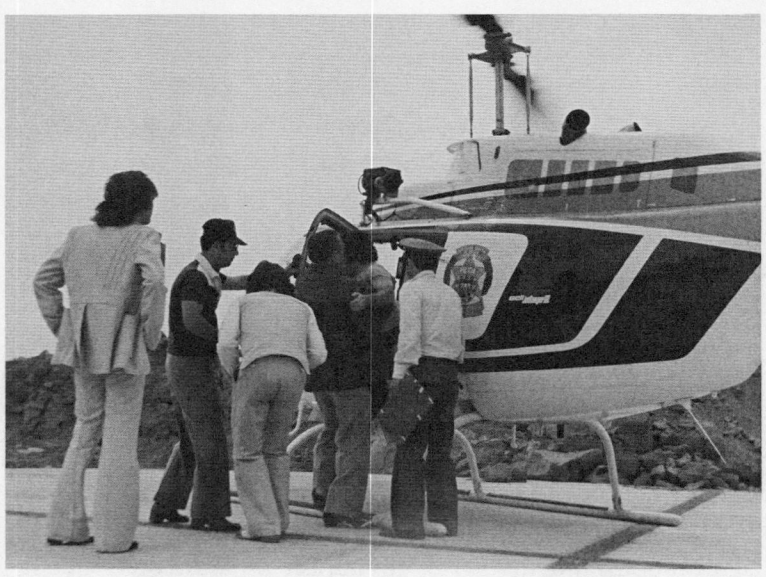

Durazo conduz e depois carrega Nelson para dentro do helicóptero da polícia que usava para passear por suas imensas propriedades.

cos do México e tomando tequila e champanhe. Nelson cantou com os mariachis, para alegria de "El Negro": "Você é o maior cantor do mundo", disse o policial. "E isso só com um metro e doze!", brincou Nelson. Durazo convidou o cantor para conhecer um chalé isolado nas montanhas, onde passava algumas noites. O chalé ficava dentro da propriedade, mas era tão longe da casa principal que a turma precisou ir de helicóptero. Durazo carregou Nelson no colo para ajudá-lo a entrar no aparelho. Dias depois, "El Negro" levou o cantor para conhecer outra de suas propriedades, um palácio construído em estilo grego na cidade costeira de Zihuatenajo e apelidado de "Partenón del Negro Durazo".

O general colecionava armas e tinha o hábito de presentear amigos com pistolas e metralhadoras. Naquela tarde, depois de beber, comer e ouvir música, ele levou Nelson, Genival, Vigna e Michelena para uma sala reservada. "Nelson, tenho uma surpresa para você. É um presente muito especial e que simboliza a nossa amizade." E deu ao cantor uma bonita caixa de madeira. Nelson abriu a caixa e não acreditou no que viu: um revólver Colt 45 banhado a ouro. "El Negro" também entregou a Nelson alguns cartões. "Aqui estão cartões com meu nome. Toda vez que você atirar em alguém no México, coloque esse cartão no bolso do defunto, e ninguém o incomodará."

Era o final da década de 1970, e Nelson Ned, agora solteiro depois de ter sido abandonado por Marli, entrou numa espiral de loucura, drogas, álcool e sexo ainda mais intensa e que faria Keith Richards parecer um escoteiro. Em sua suíte na mansão do Alto da Boa Vista, Nelson tinha um cofre cheio de dólares, cocaína e armas. Suas companhias eram igualmente insanas: no Haiti, foi visitado no camarim por Jean-Claude Duvalier, o sanguinário ditador conhecido por Baby Doc, que controlava o país à custa de repressão policial e execuções de adversários. Na Colômbia, cantava em boates comandadas pelos cartéis de Cali e Medellín. Os traficantes mandavam seus aviões particulares buscarem Nelson e a banda no Campo de Marte, em São Paulo, e os levavam para shows privados em suas mansões na Colômbia. Num desses shows, Nelson foi apresentado a um grande admirador, que começava a despontar como um nome temido do crime organizado colombiano: Pablo Escobar. "Conheci ele sim, era muito meu fã", disse o cantor. Vigna, que acompanhou Nelson em vários desses shows, diz que, à época, eles nem sabiam quem era Escobar: "Chegamos lá e era uma fazenda imensa, cheia de gente que parecia importante: políticos, policiais, e um monte de sujeitos mal-encarados. Mas todo mundo amava o Nelson e era muito simpático com a gente. Depois é que ficamos sabendo que um deles era o Pablo Escobar".

Mesmo com toda a loucura à sua volta, Nelson tentava levar uma vida normal com os filhos. Quando estava em São Paulo, o que era cada vez mais raro, ele mimava as crianças e fazia tudo

Curtindo a vida adoidado: Pedro Michelena, Nelson e Vigna na piscina de um hotel em Acapulco, no México.

que elas queriam. Quando decidiu levar Júnior, Monalisa e Veronica pela primeira vez à Disney, esbarrou num problema: teria de tirar o passaporte de Monalisa, e ela ainda era registrada como filha dos pais dele. Nelson decidiu que era hora de contar que ela não era filha de Marli. Com medo de magoar a menina se revelasse que ela havia nascido de uma relação extraconjugal com a empregada da casa dos avós, Nelson caprichou na criatividade: "Mona, meu amor, a verdade é que eu estava numa turnê na África, quando fui fazer um safári de jipe e conheci uma linda princesa africana. Foi amor à primeira vista. Começamos a namorar, ela engravidou, e você nasceu". Depois do choque inicial, Mona perguntou se poderia conhecer a mãe: "Já imaginei minha mãe, uma negra linda, uma princesa da África, com aquelas echarpes voando no jipe, andando perto dos animais selvagens. Fiquei louca pra conhecer a minha mãe, mas o pai falou que não dava e encerrou o assunto". Júnior e Veronica choraram muito: "Então a Mona não é nossa irmã?". Nelson disse: "Claro que é irmã, a gente trouxe a Mona pra vocês viverem juntos".

Nelson também continuava muito fiel aos amigos e funcionários. Quando a babá das crianças, Lucinda, foi diagnosticada com um tumor no intestino, ele pagou pela cirurgia e recuperação dela. Depois que a mãe de Raimundo José, dona Raimunda, terminou um tratamento médico nas glândulas da tireoide, Nelson convidou-a para se hospedar na confortável casa da família, onde ela poderia se recuperar melhor. Foi um alívio para Raimundo, que descobriu, no meio do tratamento, que seu plano de saúde não cobria os procedimentos da mãe. "Isso vai me ajudar muito, Nelsinho, gastei todas as minhas economias cuidando de mamãe." Um dia, Raimundo José fazia um show em Dourados, Mato Grosso do Sul, e deixou dona Raimunda sob os cuidados de Neuma, irmã de Nelson. O cantor estava em turnê no México. Dona Raimunda passou mal e morreu na casa de Nelson Ned.

Em março de 1979, Nelson estava na emissora Venevisión, na Venezuela, cantando no programa de TV *Súper Sábado Sensacional*, apresentado pelo famoso Amador Bendayán. Num subúrbio de Caracas, um menino de seis anos, Julio Cesar Dominique Delgado, assistia ao programa ao lado da mãe, Lourdes. Julio Cesar sofria de nanismo e seu apelido era Chochi. "Olha, mamãe, tem um Chochi cantando na TV!", disse o menino. Lourdes se comoveu ao ver aquele homem, pequeno como seu filho, cantando tão lindamente. Sem pensar muito, perguntou: "Quer conhecê-lo, Chochi?". O menino disse que sim. Lourdes levou o filho à sede da emissora e implorou que os deixassem falar com Nelson.

Quando terminou o programa, uma assistente levou Julio Cesar e Lourdes ao camarim do cantor. "Eu sou Julio Cesar, e você é Chochi como eu", disse o menino, no colo da mãe. Nelson Ned começou a chorar. "Você me lembra dos meus filhos." A conexão entre Chochi e Nelson foi imediata: eles conversaram sobre a vida dos pequenos, dividiram sorvete e frutas, e Nelson mostrou fotografias de Júnior, Monalisa e Veronica. "Só tem uma diferença entre nós dois", disse o menino, "você consegue andar." Além do nanismo, Julio Cesar nascera com uma má-formação nos pés e se locomovia levantando o corpo com os braços. Nelson Ned chorava de soluçar. "Você é muito especial, Chochi", disse o cantor.

No dia seguinte, Lourdes estava em casa, quando tocou o telefone. Era Nelson. "Decidi ficar mais alguns dias em Caracas. Você se importa de trazer o Julio Cesar para fazer alguns exames?" Nelson mandou um carro buscar mãe e filho e levou-os para uma clínica, onde o menino realizou uma série de radiografias e exames. Nelson voltou ao Brasil. Dias depois, ligou novamente para Lourdes. Disse para ela e Chochi se prepararem, porque iriam viajar para o Brasil, onde o menino seria operado. "Seu filho vai andar!" Em novembro, Chochi e Lourdes embarcaram num voo para São Paulo. Nelson estava no aeroporto para recebê-

-los e os levou à casa dos D'Ávila Pinto, onde Júnior, Monalisa, Veronica e tia Neuma fizeram uma festa de boas-vindas para os novos amigos venezuelanos. Julio Cesar e Lourdes ficaram hospedados numa das suítes da casa.

Chochi passou por duas cirurgias longas e difíceis no Hospital Albert Einstein, em São Paulo. Nelson pagou pelas operações e por todo o tratamento de recuperação, que incluiu consultas a ortopedistas e fisioterapeutas. Os dias seguintes foram muito duros. O menino chorava de dor nos pés. Nelson e Neuma revezavam com Lourdes ao lado da cama de Chochi, para levantar seu ânimo: "Daqui a pouco você estará correndo com a gente", dizia Nelson. Monalisa e Veronica se afeiçoaram ao menino e passavam os dias brincando com ele ou comendo pipoca enquanto assistiam a desenhos animados na TV. Chochi e Lourdes foram tratados como membros da família. No Natal, o menino ganhou um lindo trem elétrico, que foi montado ao lado de sua cama. Nos primeiros dias de 1980, Chochi deu seus primeiros passos, no jar-

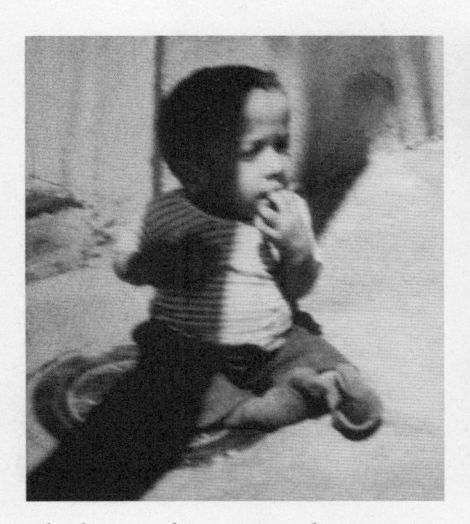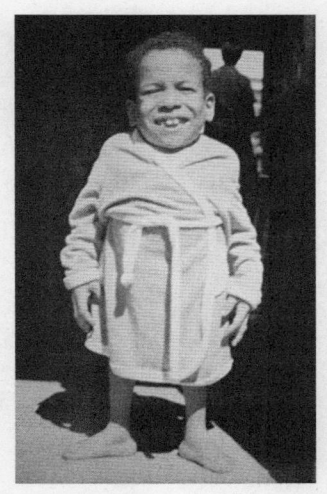

Chochi antes da cirurgia, e depois, com os pés já corrigidos cirurgicamente.

Chochi nos braços de Nelson e ao lado de Monalisa e Veronica e, por fim, já adulto, recebendo a visita de Nelson.

dim da casa do Alto da Boa Vista. Todo mundo chorou. Chochi e Lourdes voltaram a Caracas no fim de abril, depois de quase seis meses hospedados com a família D'Ávila Pinto. Chochi podia, enfim, andar. E, toda vez que Nelson Ned ia à Venezuela, fazia questão de visitar o menino.

Solteiro e rico, Nelson Ned só queria saber de curtir a vida.

Na coluna que publicava em vários jornais, Chacrinha revelou que o cantor mantinha um romance com a chacrete Malu: "Nelsinho está louco de amores por ela. A única restrição que ele faz é que ela não tome banho de mar e use lentes de contato, ao invés de usar aqueles óculos imensos". A fama de Nelson no exterior era tão evidente que a imprensa brasileira até parou de questioná-la. Chico Buarque, em entrevista à revista *Manchete*, reconhecia a enorme disparidade entre o tamanho de seu público e o de Nelson: "Em Cuba, por exemplo, sei que o Nelson Ned, um sucesso, é o cantor mais conhecido. Roberto também, embora o Nelson seja mais popular em toda a América Latina. Faço música para grandes centros. No Nordeste ou no Sul [do Brasil] talvez eu não exista. Pode ser que haja dois Brasis, e eu não posso dizer que este Brasil que me conhece seja melhor ou pior". O repórter Silio Boccanera, enviado especial do *Jornal do Brasil* a Cuba para uma reportagem sobre a ilha, escreveu: "Comunismo até que é fácil, duro é aguentar Nelson Ned o dia inteiro no rádio".

Em Cali, na Colômbia, um grupo de jornalistas esportivos brasileiros, que incluía Kleber Leite, Jorge Cury, Waldir Amaral, Doalcey Camargo e o ex-técnico da seleção João Saldanha, estava na piscina do Hotel InterContinental curtindo um dia de folga na cobertura de um torneio de futebol, quando apareceu, ao longe, Nelson Ned, acompanhado de uma bonita mulher. Saldanha disse ao grupo: "Isso é para vocês terem uma noção exata do que é superação. Esse rapaz saiu do nada e, com tudo contra ele, conseguiu ser um dos mais importantes cantores das Américas. Vendeu mais disco do que o Roberto Carlos. Tenho profunda admiração por ele". Nelson e a mulher se aproximaram: "E aí, João, viemos te dar um abraço". Saldanha disse: "Estava falando em você, enchendo a sua bola. Aliás, Nelson, você só não é perfeito porque nunca gravou uma música do Chico Buarque". Nelson respondeu: "Deus me livre, gravar música deste comunista de merda!".

Saldanha, comunista histórico, se enfureceu: "Seu anãozinho vagabundo! Vá se foder!".

Se alguém no Brasil ainda tinha dúvida sobre o status do cantor na América Latina, ela foi dizimada quando o grande escritor colombiano Gabriel García Márquez, em visita ao Rio, declarou: "Os artistas e intelectuais brasileiros dão risinhos de zombaria ou mudam de assunto quando eu revelo que tenho em casa todos os discos de Nelson Ned". Gabo era mais do que admirador de Nelson: eles eram amigos e se falavam com frequência. O escritor morava no México, e Nelson, quando estava no país, sempre o visitava para longas conversas sobre música. Gabo amava boleros. Nelson adorava romances como *Cem anos de solidão* e chegou a posar para fotos na revista *Manchete* lendo o livro do amigo. Quando o apresentador Roberto D'Ávila entrevistou García Márquez no programa *Conexão Internacional*, da TV Manchete, levou uma pergunta de Chico Buarque: "Se os seus romances fossem músicas, de que gêneros musicais seriam?". Gabo respondeu: "Seriam uns boleros vagabundos, buscando inspiração em Chico, mas cantados por Nelson Ned".

Na segunda metade da década de 1970, havia tantos discos diferentes de Nelson Ned no mercado latino que era difícil contá-los. Se, até alguns anos antes, as versões latinas dos LPs do cantor usavam a base de seus LPs brasileiros, que Nelson depois dublava em espanhol, a partir de meados dos anos 1970 ele começou a gravar LPs exclusivamente para o mercado latino. Alguns discos usavam capas e arte de lançamentos brasileiros: *Mi sangre latina* (1974) tinha a mesma capa de *Aos românticos do mundo*, mas com repertório diferente, e foi lançado em dez países, incluindo México, Guatemala, Colômbia e Estados Unidos. O LP *Canción popular* teve nada menos que quinze versões. Muitas vezes, os discos recebiam nomes diferentes em cada país: em 1975, Nelson gravou um LP no Brasil pela Copacabana, chamado simplesmente *Nelson Ned*. O disco foi lançado em espanhol em dez países, com o nome de *Por la puerta grande*. Em 1979, Nelson lançou um LP de muito sucesso no Brasil, *Meu jeito de amar*, cuja faixa-título tocou muito em rádios e programas de TV. Lançado em espanhol em sete países da América Latina, o LP trouxe um repertório diferente do disco brasileiro, incluindo uma canção "country" e autobiográfica que Nelson lançara no Brasil num compacto de 1972, "Não tenho culpa de ser triste". Nessa letra, Nelson se coloca como um tipo antiquado e fora de moda, que, a despeito das modernas roupas coloridas que usa, tem uma sensibilidade "antiga" e romântica:

> *Meus amigos quase sempre*
> *Me perguntam por que é que sou tão triste*
> *Eles já não acreditam*
> *Que um jovem como eu ainda existe*
>
> *Realmente é um contraste*
> *Ver alguém na minha idade tão sozinho*
> *Indo a todos os lugares*
> *Com os olhos tão perdidos no caminho*
>
> *Talvez eu seja o jovem mais romântico que existe*
> *Mas eu não tenho culpa de ser triste*
> *Talvez eu seja o jovem mais romântico que existe*
> *Mas eu não tenho culpa de ser triste*
>
> *Minhas roupas coloridas*
> *E ainda o meu cabelo tão comprido*
> *São imagens diferentes*
> *Do meu verdadeiro eu tão escondido*

Toda a minha juventude
Pouco a pouco envelheceu numa saudade
Que eu persigo como louco
No meu carro em alta velocidade

E assim vou compensando
A tristeza de viver a sua ausência
Nestas roupas coloridas
Para dar um jeito alegre na aparência

Mas por mais que eu disfarce
Nada é mais triste que a minha alegria
E o jeito é ir vivendo
Na esperança de você voltar um dia

No fim de 1979, aos 32 anos, Nelson Ned assinou um contrato milionário com a gravadora mexicana-espanhola Hispavox/Gamma e foi à Espanha gravar o LP *Primavera de una vida* com o famoso produtor italiano Rafael Trabucchelli, um dos maiores nomes da indústria musical espanhola e produtor de discos de imenso sucesso de Miguel Ríos, Raphael e Jeanette, entre muitos outros. Nelson Ned estava no auge. Seus discos em espanhol vendiam muito em todos os países latino-americanos e entre a comunidade latina nos Estados Unidos. Os LPs *Voz y corazón* (1978), *Mi manera de amar* (1979) e *Primavera de una vida* (1980) entraram por diversas vezes no Top 10 dos mais vendidos em Miami e Nova York. Nelson chegou a ter dois LPs simultaneamente entre os vinte mais vendidos em Nova York, com *Mi manera de amar* em segundo lugar, à frente de Julio Iglesias (3º) e Roberto Carlos (18º).

Nelson gostava de ostentar fama e fortuna. Costumava ir à discoteca Gallery, meca da high society paulistana, ladeado por duas ou três mulheres e fumando charutos cubanos Partagas. Os

Recebendo o disco de ouro no México pelo LP "El romantico de America".

grã-finos torciam o nariz, mas não tinham o que fazer: nenhum cliente gastava mais que Nelson Ned. Até os acompanhantes de Nelson ficavam constrangidos com a ostentação. Numa de suas muitas noites na Gallery, Nelson levou o irmão, Nedson, acompanhado da namorada. Nelson pediu champanhe, e o maître fez a besteira de perguntar se ele queria nacional ou importada. "Champanhe NACIONAL? Você acha que eu tomo essa merda?" E mandou vir dez garrafas de Moët & Chandon: "Chama os garçons e dá uma garrafa pra cada um!". Nelson ia ao banheiro a cada cinco minutos e voltava trincado de cocaína, cada vez mais impaciente e agressivo. "Nelsinho, para com isso, tá todo mundo percebendo", dizia Nedson. Mas Nelson não queria nem saber. Uma fã veio pedir um autógrafo, e ele recusou: "Estou me divertindo com meus amigos, não está vendo?". A moça saiu chorando. José Victor Oliva, um dos donos da Gallery, pediu a Nelson que se desculpasse com a cliente. Nelson se irritou: "Eu não ve-

163

nho aqui porque você gosta de mim, eu venho aqui porque tenho dinheiro!", e pedia mais garrafas de champanhe importada. Dias antes, Nedson havia comprado um Fiat, e a conta deu mais que o valor que ele pagara pelo carro. Na manhã seguinte, de ressaca, Nelson chorou no ombro do irmão: "Me perdoa, Nedson, eu sou um merda, não sei por que faço essas coisas!".

A cocaína e o álcool tornavam Nelson Ned uma montanha-russa, intercalando momentos de agressividade extrema com outros em que era a pessoa mais sensível e carinhosa do mundo. Um dia, o telefone tocou na casa do Alto da Boa Vista. Malu, esposa do amigo e vizinho Claudio Fontana, estava grávida de nove meses e começou a ter contrações. Fontana estava num show em Poconé, Mato Grosso, a 1300 quilômetros de distância. Nelson imediatamente chamou o motorista, entrou em sua Mercedes e

Nelson Ned ostentando uma de suas Mercedes.

levou Malu a um hospital no bairro de Santo Amaro. "Esta é *minha* mulher", disse na recepção. "Ela está em trabalho de parto e quero que ela tenha o melhor tratamento!" No Mato Grosso, Claudio Fontana embarcou correndo num voo da Vasp e sentou-se, por uma incrível coincidência, ao lado do cantor Waldick Soriano, que também retornava de um show. Fontana estava desesperado com a falta de notícias. "Não se preocupe, meu amigo, que vai dar tudo certo", disse Waldick. "Vamos tomar um uisquinho pra relaxar." Waldick tirou da bolsa uma garrafa de Natu Nobilis e os dois enxugaram a garrafa enquanto debatiam se o bebê seria menino ou menina. "Vai ser menina e se chamará Marcele", dizia Fontana. "Que nada, vai ser homem, um meninão", retrucava Waldick. A dupla saiu do avião cambaleando. Quando Fontana chegou ao hospital, deu o nome da esposa na recepção. "Ah, é a mulher do Nelson Ned, ela está na maternidade!" O bebê era uma menina. Marcele.

A mídia não podia ignorar o evidente sucesso de Nelson Ned no exterior, e ele não fazia o menor esforço para apaziguar a relação sempre tensa com os jornalistas, dando entrevistas cada vez mais ácidas. Quando a *Folha de S.Paulo* lhe perguntou se concordava com o rótulo de "cafona", Nelson respondeu: "Eu não necessito discutir esses conceitos. [...] A Maria Bethânia canta as mesmas coisas da Ângela Maria [e da] Núbia Lafayette. [...] Só que usa o pedigree: é irmã do Caetano Veloso. [...] Pois bem: Caetano Veloso pode andar pelado em Nova York [ou] Miami, que não será reconhecido". Outro tema sempre citado em entrevistas com Nelson era a suposta alienação política da música romântica. "No Brasil, temos os compositores da chamada esquerda festiva", disse o cantor. "Hoje ela está fora de moda, porque a Abertura a tornou meio tola, boba. [...] Não pense que não quero eleições. Arrancaram da minha mão o título de eleitor, no momento em que eu ia estreá-lo. Também sou contra a ditadura militar. Sou contra Fidel

Castro e contra Pinochet. Sou um homem de centro. Apenas constato: a Abertura existe. E a música de protesto, que alimentava universitários e jornais alternativos, acabou, anda fraca. Um cara que tem cobertura na Vieira Souto, toma champanhe francesa, uísque escocês, fala contra a miséria no Brasil, mas não conhece, na verdade, a nossa realidade, esse, sim, é um alienado." Sobre a cantora Mercedes Sosa, um dos maiores nomes da canção de protesto latino-americana, Nelson disse: "É milionária, mas, na hora do show, se fantasia de camponesa boliviana".

Os discursos contra a esquerda e o patrulhamento ideológico que dizia sofrer se misturavam a outros em que Nelson Ned dava surpreendentes sinais de ser um liberal nos costumes: "Sou uma pessoa que aposta no amor e em todas as suas consequências. Claro que o amor quadrado, aquele de casamento, de chegar em casa às seis da tarde, esgota. Eu inclusive tenho músicas com letras ambíguas, que insinuam o bissexualismo. Amor é como bumbum: ninguém sabe de quem é. [...] Eu não tenho esse tipo de preconceitos. Acontece que a nossa cultura latina é discriminativa: preto, na cozinha; cego, na esquina; anão, no circo; gay, no picadeiro. Ou no banco dos réus, onde a TFP é o maior carrasco. A gente deve amar os seres humanos, não um homem ou uma mulher". Logo depois de dar uma declaração dessas, Nelson visitou o presidente militar João Figueiredo para presenteá-lo com o Colt 45 banhado a ouro que havia recebido do mexicano Arturo Durazo Moreno.

No fim dos anos 1970, a fama de Nelson Ned no México chegou ao auge. Ele já era bem conhecido no país desde o início da década, com o LP *Canción popular*, mas o sucesso aumentou depois que o famoso grupo Los Ángeles Negros gravou versões de duas canções de Nelson, "Se as flores pudessem falar" ("Si las flores pudieran hablar"), em 1971, e "Quando eu estiver chorando" ("Déjenme si estoy llorando"), em 1972. As seguidas turnês e aparições em programas de televisão tornaram Nelson Ned um ídolo cada vez maior no país. Por volta de 1976, ele já participava de caravanas com alguns dos maiores nomes da canção mexicana, como Vicente Fernández, Juan Gabriel e Marco Antonio Muñiz, e tornou-se atração frequente no lendário Million Dollar Theatre, um cinema de 2 mil lugares construído em 1917 na região central de Los Angeles, na Califórnia, e que se transformou num dos palcos mais prestigiosos para artistas latino-americanos nos Estados Unidos. Em 1978, Nelson começou uma temporada com a cantora Lupita D'Alessio na famosa boate Stelaris, na Cidade do México. Lupita havia acabado de ganhar a final mexicana do Festival OTI, com a música "Como tú", e estava em todos os jornais e TVS do país. No primeiro dia, o nome dela estava acima do nome de Nelson na entrada da boate. Depois do primeiro show, ficou claro que a grande maioria do público estava lá para ver Nelson, e Lupita teve de se contentar em abrir as apresentações seguintes.

Em maio de 1980, Nelson Ned estava na Cidade do México para mais uma temporada de shows e escreveu um cartão-postal para a irmã, Nélia:

> Querida Nélia,
>
> Aqui estamos, contemplando as maravilhas desta cidade, onde seu irmão é um ídolo de fato, principalmente junto às autoridades do país. O hotel Fiesta Palace é uma festa 24 horas [por dia], com restaurantes, bares, shows etc. Estou vivendo dias maravilhosos. Seguiremos para Los Angeles, Miami, Las Vegas [e] Nova York.

Localizado no Paseo de La Reforma, uma importante avenida na Cidade do México, o imponente hotel Fiesta Palace era praticamente a casa de Nelson Ned quando o cantor estava no país. Ele adorava hospedar-se lá e era muito querido por todo o estafe, a quem distribuía gorjetas polpudas. E, quando ele diz, no cartão-

-postal enviado à irmã, que era ídolo de autoridades mexicanas, não estava exagerando: era no Fiesta Palace que Arturo Durazo Moreno e seus assessores encontravam Nelson para festas que varavam dias e noites. O general adorava a companhia de artistas e teve um papel importante na carreira do cantor Luis Miguel: em 1981, quando Luis Miguel tinha apenas onze anos, o general conseguiu que o menino cantasse no casamento de Paulina López Portillo, filha do então presidente do México, José López Portillo. O sucesso da apresentação foi notícia em todo o México, efetivamente lançando Luis Miguel como uma revelação da música latina. Depois, Durazo Moreno pressionou o dono da rede de televisão Televisa, Emilio Azcárraga, para que Luis Miguel fosse convidado a programas da emissora. Mas Durazo Moreno não fez isso por amor à música: segundo relatos, Luisito Rey, pai de Luis Miguel e um homem ganancioso e sem nenhum escrúpulo, teria oferecido a própria esposa, Marcela Basteri, como favor se-

Em 1978, com outro astro da canção latina, o amigo Vicente Fernández.

xual ao general. Luis Miguel viu a mãe pela última vez quatro anos depois, num show na Argentina. Ela desapareceu em 1986 e ninguém, até hoje, sabe seu paradeiro.

Com o general, Nelson andava pela capital em um carro oficial, com batedores que paravam o trânsito e mudavam a mão de ruas para que o veículo passasse. As festas eram abastecidas com a cocaína mais pura que Nelson já tinha experimentado e vinha diretamente dos amigos do general, que controlavam o tráfico em todo o México. "No Brasil, não existe cocaína pura", disse Nelson. "E sabe o que ela faz quando é pura? Ela explode o coração." Numa das festinhas no hotel, um dos chefes da polícia mexicana cheirou tanto que sacou uma arma para ameaçar Nelson depois que ele se recusou a abraçá-lo: "Eu sou seu fã, filho da puta, e você não vai me dar um abraço? Quem você acha que eu sou?". O sujeito tremia muito. A arma disparou, e a bala acertou a parede da suíte de Nelson. Durazo Moreno estava num quarto ao lado e chegou apressado: "Qué carajo es eso?". Policiais retiraram o sujeito dali. Nelson nunca mais o viu.

A vida de Nelson Ned no fim dos anos 1970 era assim: fama, dólares, poder, armas e cocaína. E, a partir de 1980, seus dias ficariam ainda mais loucos. Foi quando conheceu Cida.

8. Me pasé de la cuenta

Nelson e Cida.

Nelson Ned conheceu Maria Aparecida Rodrigues em 1980. Onde, ninguém sabe ao certo. Os dois nunca falaram publicamente sobre o assunto, e nem as famílias sabem descrever o encontro. Nelson dizia que Cida era secretária do então governador de São Paulo, Paulo Maluf, mas não existe registro disso. Cida vinha de uma família pobre de Santa Rosa do Viterbo, uma pequena cidade 230 quilômetros ao norte de São Paulo. Tinha três irmãos e uma irmã. O pai era ferroviário, e a mãe, dona de casa. O que familiares e amigos dizem é que Nelson Ned e Cida se conheceram "na noite". Ele tinha 33 anos, e ela, 25.

Para os filhos de Nelson, a chegada de Cida desequilibrou a já combalida harmonia familiar. Nelson era um pai amoroso, mas ausente e um tanto irresponsável. Ficava de oito a dez meses por ano no exterior e simplesmente se esquecia de pagar a escola ou os cursos das crianças. Não havia contabilidade das imensas quantias em dólar que Nelson trazia do exterior. Quando precisava pagar contas ou salários, ele abria o cofre que ficava dentro do armário de sua suíte, tirava um maço de dólares e o entregava à babá das crianças, Lucinda, com ordens para ir a uma casa de câmbio no Centro de São Paulo e trocar os dólares por cruzeiros. Quem efetivamente cuidava da casa era Neuma, irmã de Nelson e tia das crianças. E não era fácil gerenciar a mansão do Alto da Boa Vista: àquela época, a casa tinha, além de Lucinda, nada menos que sete funcionários: cozinheira, arrumadeira, motorista, piscineiro, jardineiro, tratador de cachorros e faxineira.

Quando Cida entrou na vida da família D'Ávila Pinto, Júnior e Monalisa tinham perto de nove anos, e Veronica, sete. Nelson a apresentou para os filhos como "uma fada madrinha". No início, as crianças gostavam de Cida. Ela era jovem e brincalhona. Mas a relação logo azedou. Nelson e Cida saíam quase toda noite para boates e shows e voltavam de manhã. O casal acordava por volta de cinco da tarde, sempre de ressaca, e brigava entre si ou com as crianças. Júnior, Monalisa e Veronica esperavam que aquele fosse apenas mais um caso rápido entre os muitos romances do pai. Mas os meses foram passando e Cida continuava lá. E as coisas só pioraram depois que Neuma se casou e deixou a casa, abrindo caminho para Cida tomar conta da família.

A chegada de Cida coincidiu com um período em que Nelson Ned estava cada vez mais rico, doente e fora de controle. O contrato com a gravadora Hispavox/Gamma e as turnês internacionais rendiam fortunas, que ele e Genival traziam para o Brasil em maletas lotadas de dólares. Sua saúde sofria com as longas viagens internacionais e as injeções de remédios. Nelson sentia tantas dores na coluna que começou a usar uma cadeira de rodas para entrar e sair de aeroportos e cobrir distâncias mais longas. Bem nessa época, quando se consagrou como uma das maiores vozes da canção romântica latina, via em suas plateias, cada vez mais frequentemente, figurões dos cartéis de drogas do México e da Colômbia, que o presenteavam com vidrinhos da cocaína mais pura

Vigna, Nelson Ned e Pedro Michelena embarcam em um avião particular durante uma turnê pelo México.

do planeta. "Eu trazia [essa cocaína] quando vinha de Miami. Mantive contato com a alta cúpula dos cartéis de Medellín e de Cali. Os chefões da cocaína iam a Miami para assistir a meus shows. Colocavam os seus Rolls-Royces e iates à minha disposição."

O gosto por colecionar armas virou uma obsessão. Em casa, Nelson mantinha um verdadeiro arsenal, incluindo uma pistola Beretta, um revólver .22, um Colt .45 e um revólver .38 preto, que apelidou de "Pelé". Do General Arturo Durazo Moreno, herdou o hábito de presentear os amigos com armas. Quando o cantor Agnaldo Timóteo se candidatou a deputado, Nelson ficou preocupado e lhe deu uma pistola Walther PPK 9 mm, que havia trazido dos Estados Unidos. Pouco tempo depois, Timóteo andava no banco de trás de seu Escort novinho quando, num sinal de trânsito em Cascadura, subúrbio do Rio, dois bandidos renderam o motorista Valdomiro Teixeira, vulgo "Cromado", um ex-parceiro do policial e matador Mariel Mariscot, levaram o carro e todos os pertences de Timóteo, incluindo a pistola. "Ou os bandidos devolvem o carro, ou meus amigos, alguns dos quais são barra-pesada, podem derrubar os malandros", disse o deputado à Rádio Nacional. "Eles podem tomar tiros e amanhecer numa vala. Se não entregarem meu carro, isso fatalmente acontecerá. Eu não quero isso, mas ladrão tem mais é que morrer a tiros."

Em casa, Nelson tentava manter um mínimo de normalidade, mas sua vida era tão repleta de excessos que ele não conseguia se adaptar a uma realidade convencional. O simples ato de buscar os filhos no colégio Objetivo, onde os três estudavam, virava um acontecimento, quando Nelson chegava numa Mercedes e era cercado pelos estudantes, ou quando mandou distribuir a todos os alunos da escola compactos de Natal com sua música "Deus abençoe as crianças". Monalisa, a mais tímida da casa, morria de vergonha: "Pai, pelo amor de Deus, você não pode me buscar de Fusca? Precisa chegar nesse carrão?". No dia seguinte, só para atazaná-la,

Nelson não apenas chegava de Mercedes, como gritava na entrada da escola: "Eu vim buscar minha amada filha Monalisa, o brotinho mais lindo e inteligente dessa escola! Monalisa, onde estás tu, minha princesa?". A menina queria morrer.

Nada com Nelson Ned era normal. Ele instituiu em casa o "Dia do Palavrão", em que todo mundo deveria cumprimentar o outro com palavrões: "Bom dia, seu filho da puta, como está?"; "Estou bem, veado, e você?". Quando uma rede de lanchonetes inaugurou o primeiro drive-thru de São Paulo, ele levava as crianças para pedir lanches e matava todos de rir ao imitar um retirante nordestino com sotaque forçado: "Eu queria quatro 'sundai' de macaxeira, quatro porção de jiló frito e quatro pão com carne de bode!". Os filhos herdaram o senso de humor do pai: foram suspensos várias vezes por explodir bombas no banheiro da escola e roubavam a agenda de Nelson para passar trotes para os amigos famosos. "Alô, dona Hebe? Sabia que a senhora é uma gracinha?" Chacrinha reclamou: "Nelson, manda teus filhos pararem de ligar lá em casa, tão enchendo o saco!".

O romance com Cida estava firme, mas isso não impedia Nelson de dar suas escapulidas. "Mona e Veca, se arrumem que vou levar vocês ao cinema." Elas já sabiam o que isso queria dizer: o pai deixaria as duas num shopping e sumiria para encontrar alguma amante. Acontecia com tanta frequência que as meninas não saíam de casa sem o cartão de um serviço de rádio-táxi: "Aqui é a filha do Nelson Ned, o pai esqueceu a gente aqui no shopping tal, vocês podem mandar um carro?". No Objetivo, os três filhos de Nelson Ned tinham uma conta permanente na cantina, já que nunca saíam de casa com merenda. Nelson ficava por meses fora do país, em turnês, e a conta só aumentava. Quando ele retornava, quase caía de costas ao descobrir o valor da dívida: "Vocês querem me arruinar?", gritava para os filhos. "Isso aqui dava para alimentar uma cidade inteira!" O mesmo ocorria com os boletos de mensalidades da escola, que se acumulavam por meses, até que Nelson retornava do exterior e quitava tudo de uma vez.

Mulherengo obsessivo, Nelson não deixava de levar uma flor para presentear a diretora da unidade quando ia buscar os filhos no Objetivo. Os filhos não entendiam por que o pai simplesmente adorava visitar uma agência do Banespa, até descobrirem que ele estava tendo um caso com a gerente. "Sou um heterossexual irrecuperável", disse ao *Jornal do Brasil*. "Acho que sexo é como sede. Cada um sabe a sede que sente e quantos copos d'água são necessários para saciá-la. Eu tenho *muita* sede. O fato de ser pequeno não prejudica em nada minha relação com o sexo oposto. O amor na cama é horizontal, os corpos se nivelam. Se fosse na vertical, aí sim, talvez eu tivesse que fazer uma escada de ouro. Francamente, não posso me queixar. Eu atinjo a mulher em dois instintos básicos dela: a maternidade e a curiosidade." Os galanteios de Nelson viraram brincadeira em casa: uma vez, ele levou Monalisa e Veronica para visitar uma parente que havia dado à luz. No caminho, disse às meninas: "Quando chegar lá, se a enfermeira for bonita, eu vou dizer que vocês são minhas irmãs". No hospital, ele deu uma olhada para a enfermeira, não gostou do que viu, e disse: "Tá vendo essas crianças aqui? São minhas filhas, eu sou casadíssimo".

Ser filho de Nelson Ned tinha suas vantagens: numa das visitas da *boy band* porto-riquenha Menudo ao Brasil, Monalisa e Veronica, fãs de carteirinha, imploraram ao pai para ver o show. Nelson fez mais: alugou uma suíte no mesmo hotel do Menudo e promoveu o encontro das filhas com os astros. Quando Ricky, Robby e cia. descobriram que elas eram filhas de Nelson Ned, os ídolos viraram fãs: "Minha mãe ama você!", disse um deles. "Em Porto Rico, seus discos tocam em todas as casas", disse outro. As meninas não cabiam em si de orgulho. "Tá vendo?", disse Nelson. "Papai é famoso pra cacete!"

Nelson foi pedir autógrafo para o grupo Menudo, mas os rapazes é que se disseram fãs dele: "Minha mãe ama você!".

A tensão entre Cida e as crianças chegou a um ponto tão insustentável que Nelson decidiu que os filhos deveriam passar um tempo fora de casa. Monalisa e Júnior foram morar com os avós no Rio, e Veronica passou uma longa temporada com a mãe, Marli. Se a ideia de Nelson era que a distância diminuiria a raiva que as crianças tinham de Cida e a má vontade dela com os pequenos, o efeito foi exatamente o oposto: o afastamento só piorou a situação, e a paz entre Cida e os filhos de Nelson acabou de vez. A verdade é que Nelson não estava em condições de decidir nada. Ele cheirava cocaína 24 horas por dia e bebia pelo menos um litro de uísque por noite. "Aprendi com os bandidos da noite a tomar água com açúcar enquanto estava ingerindo álcool e cocaína, porque o álcool queima o açúcar do sangue, e a pessoa fica hipoglicêmica. Por isso é que, quando a pessoa está 'de fogo', tem de tomar glicose na veia. Eu tomava água com açúcar e ia melhorando pouco a pouco. Geralmente, eu tomava Adalat para baixar a pressão. Quando o Adalat entra no seu organismo, vira uma bomba, mexe com tudo, é como você pegar um carro que está a 180 por hora e meter o pé no freio. Aí, você vai parando, a respiração fica acelerada, acelerada, acelerada, você pega e vai descansar. Mas, quando eu conseguia melhorar, já eram nove ou dez horas da manhã, e à noite eu tinha show e ainda não tinha dormido. Aí eu tinha que tomar Dormonid ou Lexotan pra poder dormir. Mas um só não adianta, então tinha que ser dois. Eu ficava dopado pra dormir. Eu ficava até as nove horas da noite nesse estado, dormindo, vegetando, como um zumbi. Acordava, tomava o meu café quente, com duas aspirinas, tomava um banho, uma injeção de vitamina B-12 para fortalecer as cordas vocais, fazia os meus exercícios e ia para o show. Subia no palco, o grande Nelson Ned, e me apresentava."

A vida louca cobrava seu preço: num show na Colômbia, um dos músicos da banda local que acompanhava Nelson teve uma parada cardíaca e morreu depois de cheirar a cocaína puríssima com que os cartéis haviam presenteado o cantor. No México, a casa caiu para o amigo Arturo Durazo Moreno: em 1982, os corpos de catorze criminosos colombianos foram encontrados, alguns decapitados e com marcas de tortura, numa chacina batizada de "Massacre de Tula". Um assessor de Durazo acusou-o de ter ordenado a morte do bando que, segundo o delator, roubava bancos a mando do general. No mesmo ano, o presidente mexicano José López Portillo, protetor de Durazo, saiu da presidência com a eleição de Miguel de la Madrid. Durazo fugiu do país e passou dois anos escondido. Foi capturado em Porto Rico, em 1984, e extraditado de volta para o México, onde acabou condenado por corrupção, extorsão e tráfico.

Em meio a toda essa loucura, a fama de Nelson Ned só aumentava. Na década de 1980, ele fez inúmeros especiais para TVs do México, Colômbia e Estados Unidos, e seus shows ficavam cada vez maiores. Em 1985, cantou no estádio de futebol Neza

86, com capacidade para 28 mil pessoas. Não há registro do número total de espectadores, mas fotografias mostram o estádio lotado, não só nas arquibancadas, como no gramado. Em setembro do mesmo ano, um poderoso terremoto destruiu boa parte da Cidade do México e matou ao menos 10 mil pessoas. Nelson organizou um show beneficente em Brasília, com participação de Roberto Carlos, para angariar dinheiro para as vítimas da tragédia.

Nelson e Roberto eram grandes amigos e certamente os dois cantores brasileiros mais famosos no exterior durante as décadas de 1970 e 1980. "Um dia, nós estávamos na Gallery tomando champanhe, o Roberto Carlos ficou meio de fogo e começou a conversar comigo, abertamente, o que é um fenômeno, acho que ele não conversa abertamente nem com a esposa, ele é mais trancado que o cofre do Tesouro americano. Ele começou a falar pra mim: 'Quem dera eu ter o sucesso que você tem no exterior. Você não deve ficar chateado por não ser sucesso aqui no Brasil, o seu sucesso no exte-

Nelson Ned cantando para uma multidão no estádio Neza 86, no México.

rior é muito mais importante. Hoje você está sentado na Gallery comigo por causa do seu sucesso no exterior'. Eu queria ter um gravador na hora para registrar o que o Roberto disse."

O sucesso internacional de Nelson era tamanho que a Rede Globo, que não costumava dar muito espaço para cantores considerados "bregas", fez um *Globo Repórter* especial sobre o triunfo internacional de Nelson Ned. Exibido em 1984, o programa começou mostrando o cantor em Miami e no México, participando de shows e programas de TV. Numa loja de discos na Cidade do México, o LP mais recente do cantor, *Más romantico que nunca*, aparecia em terceiro na lista dos mais vendidos, atrás apenas de Michael Jackson e da cantora mexicana Silvia Tapia Alcázar, conhecida pelo pseudônimo de "Prisma". Nelson apareceu andando de iate com Cida em Miami e sendo entrevistado pelo famoso apresentador Raúl Velasco no programa *Siempre en Domingo*. "O programa é transmitido para todo o México, Canadá, Estados Unidos, toda a América Central e toda a América do Sul, menos para o Brasil. Programa ao vivo, 170 milhões de espectadores", dizia o locutor do *Globo Repórter*. Na parte final do programa, o repórter Hermano Henning foi a Ubá entrevistar parentes e uma antiga professora de Nelson, e mostrou imagens dele com Cida e os filhos na casa do Alto da Boa Vista, na capital paulista. "Nelson só fica no Brasil quatro meses ao ano. Ele diz que a vida dele é rodar feito pneu de caminhão", dizia Henning.

Embora o sucesso de Nelson no Brasil não fosse comparável à sua fama nos países de língua espanhola, ele ainda vendia muitos discos no país. O *Globo Repórter* mostrou o apresentador da Rádio Globo Haroldo de Andrade anunciando o disco *Caprichoso* como o mais pedido da programação da emissora e exibiu trechos de uma apresentação de Nelson no programa de Chacrinha, onde o Velho Guerreiro presenteou o amigo com um Disco de Ouro pela vendagem de 100 mil cópias. Durante a divulgação de *Capricho-*

so, Nelson fez uma improvável amizade com um artista de outra geração e de estilo musical bem diferente do dele: Sylvio Luiz do Rego Júnior, mais conhecido por Sylvinho Blau Blau.

Em 1983, Sylvinho liderava a banda carioca Absyntho e estourou em todo o país com o compacto *Meu ursinho Blau Blau*. Bonito e carismático, virou presença constante em todos os programas de auditório e colecionava namoradas, com predileção por modelos e chacretes. Sylvinho vivia cruzando com Nelson nos bastidores de programas de TV, mas os dois nunca haviam se conectado, até o dia em que Sylvinho viu Nelson chegar ao camarim do programa de Raul Gil, em São Paulo, suando em bicas, com os olhos esbugalhados e o sorriso trincado. "Ô, Nelsão, que é isso?" Nelson chamou-o num canto e mostrou um vidrinho que havia trazido de uma recente excursão à Colômbia. Viraram amigos do peito.

Nos anos 1980, dois hotéis no Centro de São Paulo eram conhecidos por hospedar cantores, bandas e artistas de TV: o San Raphael, no largo do Arouche, e o Jandaia, na avenida Duque de Caxias. Ambos haviam se tornado "points" da classe artística duas décadas antes, devido à proximidade com a estação ferroviária da Luz, a rodoviária (que seria desativa em 1982) e com sedes de gravadoras e jornais. Muitos artistas que chegavam à capital paulista de trem ou ônibus se hospedavam no San Raphael ou no Jandaia. Na recepção do San Raphael, era comum esbarrar com Agnaldo Timóteo, Costinha ou Aracy de Almeida. No Jandaia, hospedavam-se Genival Lacerda, muitas duplas sertanejas e cantores românticos, como Wando, Dalto e Altemar Dutra. No restaurante do hotel, Waldick Soriano batia ponto e sempre pedia a mesma entrada: uma dose de uísque Old Eight acompanhada de uma porção de rabanetes descascados. Havia tantas festas no Jandaia que o hotel ganhou o carinhoso apelido de "Gandaia".

Quando estava em São Paulo gravando os programas de Silvio Santos, Bolinha, Raul Gil, Barros de Alencar, Dárcio Campos ou Carlos Aguiar, Sylvinho era hóspede assíduo dos dois hotéis. E Nelson logo passou a frequentar as suítes do amigo: "Blau Blau, tô chegando com uma coisinha pra nós!". Nem mesmo Sylvinho, amigo de Cazuza e Tim Maia e acostumado às noites alucinantes do Baixo Leblon, havia experimentado uma farinha tão pura quanto a de Nelson Ned. "Um colombiano me disse uma vez: '*mira, el perico mata*', porque '*perico*' em espanhol é cocaína", dizia Nelson. "'*Porque es muy bueno, o es muy malo.*' Ou seja: a cocaína mata porque é muito boa, ou muito ruim." E aquela era *muito boa*. Os dois amigos gostavam de fazer um "esquenta" no hotel, antes de Nelson chamar o motorista para levá-los a um périplo de boates, inferninhos e maratonas de pó, sexo e álcool que só terminava na manhã seguinte.

Nelson costumava levar Sylvinho para o bar de um amigo em São Bernardo do Campo, e Sylvinho retribuía apresentando Nelson a alguns dos locais mais "descolados" da cidade, como o Rose Bom Bom e o Victoria Pub. Os frequentadores não acreditavam quando viam aquela dupla tão inusitada, sempre acompanhada por mulheres lindas. Nelson levantava a cada cinco minutos para ir ao banheiro. "Porra, Nelson, tá dando bandeira, sossega aí", dizia Sylvinho. "Fica frio, Blau Blau, vou no Wanderley Cardoso dar aquele porradão!" Independentemente do local que escolhiam para passar a noite, o fim da farra era sempre o mesmo: Nelson e Blau Blau andando de carro, na madrugada de São Paulo, atrás de mais pó. Nelson tinha muitos contatos e, quando acabava o estoque colombiano, costumava comprar de um cinegrafista do SBT que fornecia para a metade dos artistas de São Paulo. Quando nem isso funcionava, o jeito era apelar a traficantes que ficavam embaixo do Minhocão:

"Vai lá, Blau Blau, sai do carro e pega dois papéis pra nós!"

"Você não conhece o cara, Nelson? Vai você!"

"Eu não posso ir. Todo mundo que passar na rua vai me reconhecer, alguém pode me sequestrar, e amanhã tem foto minha no jornal. Você tem altura normal, ninguém vai saber quem você é."

Sylvinho voltava ao hotel com o dia amanhecendo, de ressaca, e caía duro na cama. Poucas horas depois, o telefone tocava: "Qual é a boa de hoje, Blau Blau?". Sylvinho, doze anos mais novo que Nelson, não conseguia acompanhar o ritmo frenético do parceiro: "Porra, Nelsão, tu tá querendo me matar?". Uma vez, Nelson e Sylvinho participaram do show de uma rádio na região de Campinas. Era um evento diurno e gratuito, realizado numa praça. O lugar estava lotado. Logo no início da apresentação de Nelson, um grupo de rapazes, bem na frente do palco, começou a zombar dele: "Canta mais alto, ô espirro de pica!". Nelson não deixou barato: "Fala isso na minha frente se for homem!". Os xingamentos continuaram: "Fica na tua, meia-foda!". O cantor disse no microfone, diante de toda a plateia: "Cala a boca, senão vou descer aí e meter a porrada em vocês todos!". Alguém gritou: "Então vem, anão!". Nelson surtou: descontrolado, pulou do palco e tentou passar por cima da grade que separava o público. Só não conseguiu porque foi contido pelos seguranças. "Eu vou te matar!", gritava Nelson, suando em bicas. "Nelsão, que merda é essa?", disse Sylvinho, tentando acalmar o amigo. "Blau Blau, eu vou dar um tiro nesse filho da puta!"

Tão rapidamente quanto decidiu que os filhos deveriam ficar longe de casa, Nelson mudou de ideia e ordenou que eles voltassem: "Quero meu gado perto de mim". Mas a situação em casa era a pior possível: a relação entre as crianças e Cida, que nunca havia sido amistosa, agora era uma verdadeira guerra. Nelson e Cida brigavam constantemente, e as crianças e o estafe se acostumaram a presenciar arranca-rabos homéricos entre os dois. A situação só acalmava um pouco aos domingos, quando Nelson costumava receber amigos para um churrasco e banho de piscina em casa: "Hoje é meu dia de escolher a música", dizia Nelson, que dominava a vitrola e só permitia discos de boleros e serestas. "É do bolero que se come, é bolero que vocês vão ouvir!" Quando não almoçava em casa, ele gostava de levar família e amigos para comer feijoada no tradicional restaurante Bolinha, onde bancava o almoço de dez, quinze ou vinte pessoas, em maratonas pantagruélicas que começavam ao meio-dia e só terminavam à noite, depois de enxugarem meia dúzia de garrafas de uísque escocês. À medida que bebia, Nelson ficava mais soltinho e propenso a dizer frases que deixavam os filhos com vontade de se esconder em buracos no chão. Num almoço, Cida sugeriu uma sobremesa: "Vida... não quer dividir uma Floresta Negra?", e Nelson respondeu: "Floresta Negra eu vou querer quando chegar em casa!". Veronica e Monalisa taparam os olhos de vergonha: "Pai, pelo amor de Deus, cala a boca!".

Se as brigas e discussões com Cida estavam cada vez mais violentas, a relação com a ex-mulher, Marli, melhorou. Depois de suportar a humilhação de ser largado e ver Marli namorando outras mulheres, Nelson voltou a buscar contato com ela, mesmo que não fosse com a mais nobre das intenções: "Marli, meu bem, tô aqui na Colômbia, sozinho, numa fossa danada", dizia ele, em longos telefonemas internacionais. "Se eu mandar uma passagem, você não quer vir aqui e me acompanhar na turnê?" Marli se irritou: "Você não muda mesmo, né? Tá achando que eu vou me despencar daqui pra virar amante do meu ex-marido?". Quando Nelson mostrou fotos de uma recente turnê colombiana, um detalhe chamou a atenção de Marli: "Que interessante, eles já deixam um vidrinho de Eno na mesa, pro caso de alguém passar mal?". Nelson disse: "Que Eno, mulher, tá maluca? É cocaína!".

Mesmo com toda a loucura, Nelson tentava manter a família unida. Ele incentivou Júnior, desde muito pequeno, a tocar bateria. O menino montou uma banda de rock chamada Galápagos,

La dolce vita: *Nelson Ned e Genival Melo — sem peruca — curtem um dia no mar.*

que se apresentou, por influência de Nelson, no programa de TV de Jô Soares. As meninas ganhavam presentes que deixavam as amigas com inveja: assim que foi lançado o video game Atari, Nelson comprou um para os filhos, e a casa vivia cheia de amiguinhos para testar o brinquedo. Ele não tinha escrúpulo em usar a própria fama para ajudar os filhos: quando o Objetivo realizou uma gincana em que as diversas unidades da escola competiam para ver quem traria a celebridade mais famosa, Nelson ligou para um amigo e pediu um favor. E assim, no dia da finalíssima no Ginásio do Ibirapuera, enquanto as outras unidades trouxeram um atorzinho conhecido ou uma cantora jovem que despontava nas rádios, subia ao palco, representando o Objetivo Santo Amaro, ninguém menos que o cantor norte-americano Billy Paul, com banda completa, para fazer um show para os alunos. E o melhor: carregando Monalisa no colo.

Como pai, Nelson tinha alguns hábitos peculiares: as festas de aniversário de Júnior, Monalisa e Veronica, realizadas na mansão da família, eram eventos superproduzidos, com DJ, equipe de som e serviço de bufê. Nelson exigia que os convidados, mesmo as crianças, brindassem com champanhe: "Brinde sem champanhe não vale!". Quando as filhas começaram a namorar e sofreram as primeiras decepções amorosas, o pai as irritava ao tomar o lado dos namorados: "O que, ele beijou outra? Não fica triste, filha, que homem é assim mesmo". Mas, quando Veronica teve o coração partido por um menino chamado Tiago, Nelson resolveu tomar as dores da filha e ligou para a casa do menino: "Alô, eu queria falar com o Tiago, por favor. Ah, é a mãe dele? Por favor, avise ao Tiaguinho que ele esqueceu o collant aqui na academia de balé!".

Em 1987, Nelson gravou no México um disco que refletia o caos que era a sua vida. A faixa que dava nome ao LP dizia tudo: "Me pasé de la cuenta".

Todo el mundo ya lo sabe que yo soy exagerado
Porque cuando yo nací, yo ya nací enamorado
Y todo lo que la gente hace de más lo he duplicado
Pues me encanta convivir con la virtude y el pecado

Cuando me da por tomar, puedo tomar casi un océano
Cuando me da por llorar, puedo llorar por todo el año
Soy amante de la paz, pero me encanta una pelea
Y puedo estar más de una hora conversando con una estrella

Yo soy así, mi amor, ya ves, tanto al derecho o al revés
Yo puedo amar a mil amores y los olvido en un mes
Pero contigo, yo no sé, creo que al fin yo me pasé
Amar así como te amé, me pasé de la cuenta

Cuando doy mi corazón, me entrego todo por entero
Y las veces que he amado, yo me amé a mí primero

Mas contigo yo no sé, fue diferente, no hay comparación
Eso ya no es amor, eso es mi vida, una exageración

Yo soy así, mi amor, ya ves, tanto al derecho o al revés
Yo puedo amar a mil amores, y los olvido en un mes
Pero contigo yo no sé, creo que al fin yo me pasé
Amar así como te amé, me pasé de la cuenta

Durante uma temporada no Cassino Maunaloa, na República Dominicana, os excessos de Nelson causaram uma das passagens mais dramáticas da vida de seu empresário, Genival Melo. A história nunca foi totalmente esclarecida, mas envolve uma violenta briga com duas mulheres que Nelson teria levado para sua suíte e expulsado do quarto depois de uma noite de sexo e cocaína. Elas foram à polícia e o denunciaram por uso de entorpecentes. A polícia foi ao hotel, mas Nelson não estava. Encontraram Genival, que acabou preso e levado para a delegacia, de onde foi transferi-

Da janela de uma rádio em Monterey, no México, Nelson acena para fãs.

186

do para a Penitenciária de La Victoria. Nelson e a banda voltaram ao Brasil. Um assistente de Genival, Walter Wanderley, conhecido por Goiabinha, que depois seria diretor de programas de Gugu Liberato no SBT, foi à República Dominicana visitar Genival e contratar um advogado para cuidar do caso. Wanderley ficou chocado ao ver o chefe preso em meio a todo tipo de criminosos. "Pelo amor de Deus, Goiabinha, me tira daqui!"

Segundo relatos, Genival Melo ficou preso na República Dominicana por cerca de três meses. Quando finalmente foi solto, culpou Nelson pelo ocorrido e por não o ter ajudado. Uma nota na coluna de fofocas do jornal paranaense *Correio de Notícias* dizia: "Todos estão esperando com bastante ansiedade a publicação do livro do empresário Genival Melo, com o título *Meus inúteis vinte anos*, em que narra, com detalhes, tudo que aconteceu durante os vinte anos em que empresariou Nelson Ned. O cantor já entrou na Justiça para impedir a publicação, pois as revelações poderão ser bastante desagradáveis para sua carreira". Segundo a nota, Genival dizia que Nelson o teria abandonado, sem assistência jurídica, ao ser flagrado com certa quantidade de tóxicos na América Central. Ninguém nunca mais ouviu falar do tal livro.

Em São Paulo, as brigas com Cida ficavam cada vez mais violentas, devido, em grande parte, ao uso cada vez mais pesado de drogas e álcool pelos dois. Os filhos e funcionários da casa se habituaram a presenciar xingamentos e cenas de agressões de ambos os lados. Amigos se afastaram. Na madrugada, loucos de cocaína e álcool, Nelson e Cida discutiam aos berros, acordando crianças, empregados e vizinhos. E aí começavam os tiros. "Eu vou escurecer essa merda!", gritava Nelson, antes de disparar balas no teto da sala. Cida jogava roupas de Nelson no chão da suíte e ameaçava queimar tudo. Uma manhã, a babá Lucinda estava preparando o café, enquanto o casal brigava no andar de cima. De repente, Lucinda ouviu dois estampidos. Cautelosamente, subiu as escadas, entrou na suíte do casal e viu Nelson, de cueca, apontando um pequeno revólver para a porta do banheiro, que tinha dois buracos de bala. Nelson estava descontrolado: "Sai daí que eu vou te matar!". Cida respondia: "É melhor você me matar agora, senão eu é que vou acabar com você!". Pouco a pouco, Nelson se acalmou. "Seu Nelson, pelo amor de Deus, me dá essa arma", disse Lucinda. "Toma, Lucinda, pode levar", disse Nelson, entregando a pistolinha. "Pode ficar com essa, que eu tenho um monte por aí."

Depois de brigas homéricas, o casal simplesmente tomava remédios para dormir, caía no sono e acordava no fim da tarde, pronto para outra noitada no Regine's ou na Gallery, onde Nelson esbanjava fortunas em champanhe e gorjetas. Amaury Júnior, então assessor de imprensa de vários artistas, disse ao jornal *Última Hora* que Nelson dava as maiores gorjetas da noite paulistana: "Todos os garçons amam o Nelson Ned". Uma noite, na Gallery, Nelson se irritou com a insistência do DJ em tocar músicas estrangeiras: "Por que só tocam música em inglês?", perguntou ao maître, que respondeu que os frequentadores preferiam um repertório "mais sofisticado". "Ah, é?" Nelson foi ao DJ e lhe ofereceu cem dólares para tocar "Eu não sou cachorro, não", clássico cafona de Waldick Soriano. "Toda vez que você tocar essa música, eu lhe dou uma nota de cem." Dali em diante, sempre que Nelson entrava na Gallery, o DJ soltava o disco de Waldick, para horror dos grã-finos que frequentavam a boate.

As incursões notívagas de Nelson Ned viraram lenda em São Paulo na segunda metade dos anos 1980. Numa noite, ele era visto no restaurante Fasano, gastando o valor de um carro em um banquete para um grupo de amigos; em outra, ameaçava atirar em um frequentador de algum inferninho no ABC. Paranoico, Nelson andava com várias armas no carro e contratava policiais para fazer sua guarda pessoal. Os vizinhos do Alto da Boa Vista,

irritados com as discussões que não os deixavam dormir, chamavam a polícia para apartar as brigas de Nelson e Cida. "Quero ver
vocês me prenderem!", gritava Nelson aos policiais. Uma noite,
descontrolado de tanta farinha, Nelson saiu de casa trajando apenas uma sunga e mandou o motorista levá-lo ao restaurante Gigetto, no Centro. Os frequentadores não acreditaram quando viram o cantor entrando no salão como se estivesse numa praia.
"Quero um espaguete", disse Nelson ao maître. "Mas, senhor Nelson, o senhor não pode entrar aqui vestido assim", disse o maître.
Os dois discutiram, e Nelson se contentou com uma dose de ca-
chaça, que tomou deitado na calçada em frente ao restaurante.

No sábado, 9 de abril de 1988, Nelson estava de bom humor.
Levou Cida e os filhos para jantar no Suntory, um sofisticado restaurante japonês nos Jardins. Foi uma noite agradável, sem as brigas e discussões que já haviam se tornado rotina na casa. Por volta de onze horas da noite, o motorista deixou Júnior, Monalisa e
Veronica em casa, e Nelson e Cida rumaram para uma boate. Algumas horas depois, os filhos foram acordados pelo barulho de
um tiro. Júnior entrou correndo no quarto das irmãs: "Hoje o pai
matou a Cida!".

9. Tempestade perfeita

"Encontrei o patrão chorando", disse o motorista de Nelson, Manoel Antônio Ramos, ao delegado Adolpho Rebello, da delegacia do Campo Belo, na capital paulista. Manoel descreveu o cenário horripilante que encontrou na casa: "Havia manchas de sangue no hall de entrada e no caminho para a porta". O motorista disse que subiu as escadas e encontrou Nelson sentado na cama, de cueca, chorando copiosamente. Não havia sinal de Cida. A investigação policial mostrou que Cida havia levado um tiro na clavícula, disparado de uma pistola calibre 22. Ferida, ela foi até a porta da casa e pediu ajuda a um vizinho, Messias A. Costa, que a levou a um pronto-socorro. De lá, foi levada pelo pai de Nelson ao Hospital Albert Einstein.

Só Nelson e Cida sabem o que realmente aconteceu naquela noite. A história contada para a polícia e imprensa dizia que Cida havia sido atingida por um tiro acidental, disparado de uma pistola que estava dentro da camisola dela. Cida disse à polícia que pôs a arma no bolso da camisola, tropeçou na escada, e o revólver disparou. O problema é que isso contradizia a versão que ela própria dera, na madrugada do tiro, ao policial Fernando Ribeiro, que estava de plantão no pronto-socorro naquela noite. Segundo Ribeiro, Cida, visivelmente embriagada, teria acusado o marido de baleá-la. Quando o policial perguntou o nome do marido, ela disse "Nelson D'Ávila Pinto", sem revelar o "Ned", que fatalmente identificaria o cantor. Dias depois, o delegado Adolpho Rebello descobriu que se tratava de Nelson Ned e intimou Cida, Nelson e o motorista a prestarem depoimento. Cida e Manoel compareceram à delegacia, mas Nelson já estava em Dallas, no Texas, onde iniciaria uma turnê norte-americana.

A notícia do suposto atentado contra a esposa colocou Nelson Ned nas crônicas policiais. O jornal *O Globo* deu uma chamada de primeira página: "Nelson Ned tenta matar a mulher com tiro no peito". A revista *Manchete* publicou duas páginas sobre o assunto, com uma versão diferente da história contada por Cida: a arma teria disparado do bolso da calça de Nelson, depois que ele jogou a calça no chão. "O que aconteceu? Um atentado? Um acidente?", perguntava a reportagem. "O que o delegado conseguiu saber, pelo motorista, é que ele não sabe de nada, pois afirmou não estar presente ao acontecimento. Sabe apenas de ouvir seu patrão falar: 'Nada teria acontecido se eu tivesse tirado as calças aqui em cima, e não lá embaixo.'"

Dos Estados Unidos, Nelson telefonou para a Rádio Globo e deu a sua versão da história: "Sou completamente inocente neste caso e de qualquer outra acusação. Cheguei bêbado naquela madrugada e subi para o quarto de cuecas. Havíamos comemorado nosso aniversário de casamento e não posso entender o que aconteceu. No quarto, ouvi o tiro, e só posso pensar em um acidente". O cantor acusou a polícia de São Paulo de tentar chantageá-lo e disse que iria processar quem o acusasse. Também afirmou que não iria comparecer à delegacia paulistana para prestar depoimento: "Não me encontro psicológica, espiritual nem fisicamente em condições de comparecer. Estou nos Estados Unidos legalmente e a trabalho". Nelson só prestou depoimento três meses depois, ao retornar do exterior, e manteve a história do acidente.

Acidental ou não, o tiro em Cida marcou a ruptura definitiva de Nelson Ned com a mídia brasileira. Se seu discurso contra a elite da MPB já o havia antagonizado com a grande maioria dos críticos e jornalistas, que, mesmo a contragosto, não podiam negar a fama internacional do cantor, a notícia do tiro tornou Nelson um alvo fácil de piadas e comentários jocosos. Depois disso, é muito difícil achar na imprensa brasileira qualquer menção ao cantor que não fosse um chiste com sua altura ou alguma notícia que evidenciava sua suposta decadência comercial: "Nelson Ned acusado de sonegar impostos no México"; "Shows de Nelson

Ned no exterior são cancelados após tiro", ou "Jardim da mansão de Ned em Miami tem estátuas dos sete anões".

O incidente do tiro coincidiu com um período de mudanças profundas no mercado musical brasileiro. Em meados da década de 1980, havia um "racha" entre as programações de rádios FM e AM. As rádios FM, que surgiram com força no Brasil na segunda metade dos anos 1970, transmitiam em estéreo e som de melhor qualidade e adotaram uma programação mais jovem, com locutores de linguajar descontraído, que tocavam rock e pop. Já as rádios AM tinham maior abrangência de sinal, mas qualidade de som inferior à das FMs, e tocavam os gêneros mais populares, como samba, sertanejo, forró e música romântica. Com a estreia do festival Rock in Rio, em 1985, e o sucesso de grupos jovens de pop-rock, como Blitz, RPM, Legião Urbana e Paralamas do Sucesso, o mercado musical brasileiro se dividiu em dois: de um lado, o "novo", que tocava em FMs, e, do outro, o "velho", relegado às AMs. E Nelson Ned, aos quarenta anos, foi escanteado como uma velharia.

1989: no palco do Olympia, em São Paulo, Nelson canta com Chitãozinho e Xororó, astros do sertanejo que tomariam de assalto as paradas de sucesso.

Em 1987, a TV Bandeirantes fez um programa especial em homenagem ao cantor Antônio Marcos, grande amigo de Nelson. Antônio Marcos passava por um momento difícil, devido a problemas com drogas e álcool, e muitos artistas toparam participar do especial para homenageá-lo, como Silvio Brito, Ronnie Von, Alcione, Jair Rodrigues, Vanusa, Luiz Ayrão e Chitãozinho e Xororó. Outro amigão de Nelson, Moacyr Franco, aproveitou a ocasião para lançar uma música chamada "AM", em que criticava o "racha" musical que havia se estabelecido no país.

Diante de um auditório lotado, Moacyr fez um discurso apaixonado contra as rádios FM, intercalado por lágrimas: "Algumas canções só fizeram sucesso porque vocês as ouviram, porque o rádio permitia que vocês as escutassem [...]. [Hoje], a rádio, especialmente a FM, se especializou em um tipo de música e afastou completamente gente como Ângela Maria, Miltinho, Pery Ribeiro, Sílvio Cesar, Maria Creuza, Luiz Vieira, Nelson Ned, Agnaldo Rayol e Agnaldo Timóteo". A canção "AM" era um lamento, uma evocação quase religiosa dos tempos passados: "Pai, quem é que mata esse gigante?/ [...] Pai, o teu silêncio me apavora/ Pai, eu quero uma resposta agora". No fim do show, Antônio Marcos, visivelmente debilitado, subiu ao palco para cantar com os amigos. Ele morreria em 1992 de insuficiência hepática.

Além da concorrência da música pop, Nelson Ned e outros ídolos da canção romântica sofreram com a ascensão fulminante das duplas sertanejas, que saíram do "gueto" de festas de peão e shows no interior e tomaram de assalto rádios e TVs de todo o país. Essa explosão sertaneja se deu, em grande parte, depois que os artistas sertanejos "modernizaram" seu som, abandonando a música caipira "de raiz" e adotando arranjos e instrumentações mais pop e modernos. Nomes como Chitãozinho e Xororó, Leandro e Leonardo, Gian e Giovani, João Paulo e Daniel e Rick e Renner viraram astros e passaram a ser cobiçados por teatros e casas de shows de todo o Brasil. No escritório de Genival Melo, 90% dos telefonemas eram de promotores de shows atrás de duplas sertanejas. Poucos queriam contratar Nelson Ned, Agnaldo Timóteo ou Moacyr Franco.

Foi uma tempestade perfeita, e Nelson não viu alternativa senão se refugiar no exterior, onde ainda tinha fama e credibilidade. Ele praticamente parou de fazer shows no Brasil e sumiu da mídia local. Em julho de 1991, *O Globo* publicou uma reportagem que evidenciava esse desaparecimento. Sob o título "Nelson Ned de volta aos palcos", o jornal registrou:

> Afastado dos palcos brasileiros, o cantor e compositor Nelson Ned — sucesso absoluto nos EUA, Venezuela, México, Porto Rico e Cuba — se apresentará somente na próxima quinta-feira, dia 25, na casa de shows Chopp Duplo, em Realengo, [...] acompanhado de sua banda e de seu filho, que o acompanha na bateria. [...] Ned passa somente quatro meses [por ano] no Brasil. Não costuma fazer shows por aqui, devido aos baixos cachês, e também não toca nas rádios porque é rotulado de brega. [...] "Está havendo uma abertura, mas as emissoras FMS sempre foram as maiores inimigas do cantor romântico brasileiro. Eu aceito que as pessoas discutam meu trabalho, mas uma coisa não se pode negar: a realidade de meu sucesso. Não preciso do Brasil para viver. Sou brasileiro, mas aqui tudo é difícil".

Se o Brasil esquecia Nelson Ned, no exterior ele ainda era celebrado — e copiado. Em 1990, o grupo francês Gipsy Kings, que fazia uma releitura pop da música cigana e havia estourado em todo o mundo dois anos antes com canções como "Djobi djoba" e "Bambolêo", relançou seu segundo LP, *Luna de fuego*, gravado originalmente em 1983. Nelson ouviu a canção de abertura do disco, "Amor d'un dia", e percebeu que era cópia de "Tudo passará". Ele alertou a Editora Irmãos Vitale, que procurou o empresário do Gipsy Kings e propôs um acordo para pagamento dos royalties devidos. A banda não respondeu. Em março de 1992, o Gipsy Kings fazia um show no Olympia, em São Paulo, quando foi surpreendido por três oficiais de Justiça que, em nome de Nelson e da Editora Irmãos Vitale, entregaram ao grupo uma intimação para responder a um processo de plágio. Se, em 1968, a imprensa brasileira havia apoiado Nelson quando o maestro argentino Leonardo Schultz registrou indevidamente a autoria de "Tudo passará", dessa vez o cantor não recebeu o mesmo tratamento. Sob o título "Ciumeira", o colunista do *Jornal do Brasil*, Zózimo Barroso do Amaral, escreveu: "Na verdade, Ned deve estar mordido porque a gravação que fez da música passou quase despercebida. Na versão dos Gipsy Kings, estourou no mundo todo". Dizer que

Nelson se diverte com o ator dominicano Nelson de La Rosa, que media 71 centímetros de altura.

"Tudo passará", um sucesso mundial com dezenas de regravações e milhões de cópias vendidas, havia passado "quase despercebida" era uma mentira e uma clara provocação a Nelson Ned.

Os discos que Nelson lançou no início dos anos 1990 não chegaram perto do sucesso que ele obteve na década anterior. *O poder da fé — volume 2* (1990) foi uma continuação do LP religioso de 1976, mas sem o mesmo impacto. Uma sessão de gravação em São Paulo, em junho de 1991, rendeu um LP em português (*Penso em você*) e outro, basicamente com as mesmas canções, cantado em espanhol (*Lágrimas de estrellas*), mas nenhum chegou às habituais posições de sucesso dos discos do cantor. Nelson percebia que seu tempo havia passado. Diferentemente de Roberto Carlos, por exemplo, que sempre tentou acompanhar as tendências e adaptou seu repertório aos novos tempos, conseguindo assim manter uma base fiel de fãs sem perder a relevância, Nelson Ned não mudou. Era o mesmo cantor romântico dos anos 1970, com o mesmo terno e o mesmo repertório. Seus crescentes problemas físicos dificultavam cada vez mais os shows e as turnês, e o interesse do público por ele foi diminuindo rapidamente. Nelson estava cansado e doente. Ele tinha engordado muito e já não conseguia andar com a desenvoltura de antes. Cada vez mais, recorria a uma cadeira de rodas para se locomover. O ortopedista que cuidava de Nelson, dr. Thomazelli, insistia para que o cantor se submetesse a uma cirurgia que poderia aliviar as crônicas dores no quadril, mas Nelson sempre dava uma desculpa para adiar a operação. O que o deixava mais deprimido era perceber, pela primeira vez, que sua voz não tinha a mesma potência de antes.

E cantar, mesmo que longe do público, era sua vida. Quase toda semana, ele ligava para algum amigo pianista, como Aluízio Pontes ou Otávio Basso, e o convidava para "jams" que varavam noites. Um de seus mais frequentes acompanhantes era José Carlos Mendes Alves, o Ringo, um exímio pianista, saxofonista e cantor, que fazia os arranjos e regia o conjunto de Moacyr Franco e era amigo de Nelson desde os anos 1970. "Tá livre hoje?", perguntava Nelson ao telefone. Nelson buscava Ringo de Mercedes e o levava ao Terraço Itália, tradicional restaurante do Centro de São Paulo, onde os dois sentavam ao piano e tocavam boleros até altas horas.

Foi nesses encontros que Nelson teve a ideia de gravar um disco inteiro de boleros. Seria uma homenagem à música latina e a nomes como Miguel Aceves Mejía, Javier Solís, Agustín Lara, Bienvenido Granda, Trio Los Panchos, Lucho Gatica, Armando Manzanero e tantos outros que ele ouvia desde a adolescência. Nelson assinou um contrato com o selo Movieplay e gravou, no início de 1993, *El romántico de America*, mesmo título de um álbum que havia lançado em espanhol nos Estados Unidos, em 1977. O disco trazia dezoito boleros clássicos, como "Angustia",

Nelson amava boleros e teve a chance de conhecer alguns dos maiores intérpretes do gênero, como o Trio Los Panchos.

"El reloj", "Perfume de gardenia" e "Perfidia". É o último grande disco da carreira de Nelson Ned.

A produção foi dividida entre Ringo e outro músico respeitado, Jorge Gambier, que havia trabalhado com Benito Di Paula, Wando e Wilson Simonal. Os arranjos ficaram com três maestros talentosíssimos, Waldemiro Lemke, José Paulo Soares e Otávio Basso, e a banda era formada pelo suprassumo dos músicos de estúdio de São Paulo, como os baixistas Dárcio Ract (Roberto Carlos) e Sylvio Mazzucca Jr. (Gal Costa, Ivan Lins), os bateristas Albino Infantozzi (Fafá de Belém) e Maguinho Alcântara (Simone, Djavan, Chico Buarque, Johnny Alf), e os guitarristas Antenor Gandra (Raul Seixas, Cassiano, Roberto Carlos) e Elias Almeida (Roberto Carlos, Jane Duboc, Walter Franco).

Nelson queria uma harpa, e Jorge Gambier chamou Norma Holtzer, que havia tocado com a Sinfônica Mozarteum de Salzburgo e a Osesp. A banda foi completada pelo trompista Mario Sergio Rocha (Elton Medeiros, Léa Freire, Cauby Peixoto), o oboísta Salvador Masano (Filarmônica de São Paulo), o percussionista Luiz Rabello (Roberto Carlos, Simone, Filarmônica Bachiana) e o saxofonista Ubaldo Versolato (Banda Mantiqueira, Nelson Ayres, Roberto Carlos, Tom Jobim). Para os corais de apoio, Nelson fez uma verdadeira "peneira", convocando as melhores cantoras de estúdio de São Paulo e testando-as uma a uma: "Não, você, não. Sua voz não combina", disse, sem rodeios, para Vivian Costa Manso, cantora da banda Harmony Cats e uma das mais requisitadas vocalistas de estúdio do Brasil, que havia gravado com Raul Seixas, Roberto Carlos e Morris Albert. Depois de muitos testes, o coral ficou com Jorge Gambier, Ringo, e três cantoras que fizeram história nos estúdios paulistanos: Ângela Marcia, Silvinha Araújo (esposa de Eduardo Araújo) e Tania Lemke (filha do maestro Waldemiro Lemke).

Nelson estava animadíssimo com a gravação, mas sua condição física inspirava cuidados. Vivia ofegante. Seu apetite chamava a atenção de todos: a cada duas ou três horas, mandava um assistente numa padaria próxima buscar uma dúzia de pães com manteiga. Nelson não conseguia ficar de pé por muito tempo e precisou gravar sentado, o que nunca havia feito antes. Ringo, que participara de gravações de discos de Nelson desde o início dos anos 1980 e o considerava um dos maiores cantores do Brasil, percebeu que, embora a afinação do cantor continuasse impecável, sua respiração estava prejudicada. Num intervalo das gravações, Ringo discretamente chamou o amigo de canto: "Nelsinho, vem comigo aqui na sala da técnica, quero te mostrar uma coisa". Ringo fechou a porta, para que ninguém os ouvisse, e tocou a gravação do último take de Nelson, sem os instrumentos. Dava para ouvir claramente: ao final de cada frase, o cantor dava uma roncada, um leve ronronar, como se estivesse sem fôlego. Nelson começou a chorar. "Que vergonha, meu Deus!" Ringo consolou o amigo: "Não fica assim, Nelsinho, essas coisas acontecem, a gente dá um jeito". Mas Nelson não parava de chorar. Estava desolado. Era a primeira vez, desde os três anos, quando encantou a todos numa rádio em Ubá, que a voz lhe falhara. "Nelsinho, o problema é que você está sentado em cima do seu diafragma, você está forçando o diafragma", disse Ringo. "Vamos tentar cantar de pé?" Eles combinaram que Nelson faria um take de pé e depois deitaria num sofá por cinco ou dez minutos para descansar. Nelson decidiu regravar todas as faixas que já havia cantado. "Vamos fazer tudo de novo, e agora perfeito!" Até músicos experientes e com muitos anos de estrada, como Albino Infantozzi e Dárcio Ract, se emocionaram com a dedicação e o esforço de Nelson. Enquanto o cantor, sozinho no estúdio, punha a voz por cima da base instrumental já gravada, os músicos, da sala de mixagem, o observavam pelo vidro. Vários choravam.

Gravar *El romántico de America* foi uma das poucas alegrias de Nelson em 1993. As dores terríveis na coluna e no quadril persistiam, e Nelson tomava cada vez mais remédios, mais injeções de morfina, o que prejudicava a visão do olho que ainda funcionava. Nelson cheirava cocaína sem parar e trocou o dia pela noite: ia dormir às seis da manhã e acordava às seis da tarde, sempre de ressaca e mau humor. "A minha casa, uma mansão, era a antessala do inferno. Toda noite havia brigas. Meus vizinhos não dormiam, chamavam a radiopatrulha, eu saía bêbado e insultava os policiais: 'Quero ver vocês me prenderem […]', e eles não punham a mão em mim. […] Eu estava no chão. Estava apodrecendo espiritualmente, enferrujando com meus discos de ouro e de platina na parede, com os meus carros e os meus dólares." Por duas vezes, em surtos cocainômanos, expulsou os pais de casa: "Não quero mais ver vocês aqui! Me deixem!". Quando se acalmava e percebia o que havia feito, ajoelhava, pedia perdão e tinha crises de choro. O episódio do tiro não diminuiu as brigas com a esposa. Os filhos o temiam e trancavam as portas dos quartos quando ele e Cida começavam a brigar.

Em 1992, depois de uma discussão particularmente violenta com Cida, Nelson expulsou os filhos de casa: "Vocês estão acabando com a minha vida! Não gostam da minha mulher, nunca gostaram dela! Fora, vocês todos!". Não era a primeira vez que Júnior, Monalisa e Veronica eram expulsos, mas eles decidiram que seria a última. Veronica foi passar uma temporada com uma amiga, enquanto Monalisa e Júnior se mandaram para a casa de parentes. Sozinhos em casa com os empregados, Nelson e Cida brigavam cada vez mais. Ela jogava as roupas dele no jardim e ameaçava incendiar tudo. Ele dava tiros no teto da mansão.

Numa tarde de março de 1993, Nelson acordou depois de mais uma noitada de uísque e cocaína. A casa estava em silêncio. Ele desceu as escadas, de robe, e não encontrou ninguém. Chamou por Cida, mas não obteve resposta. Chamou pelos filhos, mas lembrou-se que eles não moravam mais lá. Foi tomado por uma tristeza profunda. Nelson retornou para sua suíte, no andar de cima da casa. No caminho, pensou ter ouvido um ruído no quarto dos filhos. Abriu a porta e, para sua surpresa, viu Veronica. A filha trazia nas mãos uma Bíblia, aberta no Salmo 51. "Leia, pai!"

> Tem piedade de mim, ó Deus, por teu amor! Lava-me inteiro da minha iniquidade e purifica-me do meu pecado! Pois reconheço minhas transgressões e diante de mim está sempre meu pecado.

Nelson se emocionou. Veronica e Monalisa haviam se convertido ao Evangelho alguns anos antes e viviam tentando convencer o pai a acompanhá-las aos cultos. Ele sempre recusava. Dessa vez, quando Veronica o convidou, ele aceitou na hora. Dias depois, a família foi à igreja do pastor João Eli, irmão do maestro Osni Cassab. "Chorei durante as duas horas e meia de duração do culto. No momento em que estava pregando, o pastor Jamil [Mattar] saiu do púlpito, veio até o lugar onde eu estava, parou à minha frente e, tomado pelo Espírito Santo, colocou os seus dedos na minha mão como uma tesoura e disse: 'Eis que te dou o alicate para romperes as algemas daqueles que estão nas trevas como tu estavas'. Orou por mim, pôs suas mãos sobre minha cabeça, ungiu-me com óleo, orou também por minha esposa e minhas filhas e, a partir daquela noite, a minha vida e a de minha família mudaram totalmente."

As coisas, porém, não aconteceram exatamente assim. Depois da conversão, Nelson diminuiu bastante o uso de álcool e cocaína, mas não parou completamente de beber e cheirar. Ainda tinha lapsos e, vez por outra, sofria uma recaída, mas passou a fazer um esforço tremendo para tentar pôr a vida em ordem. E esse processo incluía se reconectar com os filhos. Nelson bancou para

Júnior uma temporada de cinco anos estudando música na Europa e escreveu várias letras para a banda do filho, a Galápagos, incluindo uma letra política que dizia: "Pra que votar, não vou me eleger, não quero mais, eu quero sentir prazer". Quando Veronica disse que gostaria de tentar a carreira de atriz, Nelson deu a maior força, financiando vários cursos para a filha e prestigiando as peças em que ela atuava. Numa delas, chegou a discutir com o diretor depois que ele botou Veronica para atuar com uma máscara de arlequim: "Minha filha, você está horrorosa nessa máscara, um rosto tão lindo, que eu demorei tanto pra fazer, fiz com tanto amor esse rostinho lindo, pra vir um sujeito e botar essa máscara horrorosa na sua cara?". Veronica tentou explicar que a peça era uma *commedia dell'arte*, mas Nelson não quis saber: "Dell'arte é o caralho, isso é feio demais!".

Mas havia uma questão familiar importante e que precisava ser resolvida: a da verdadeira identidade da mãe de Monalisa. A filha já era maior de idade e ainda não sabia quem era a mãe. Nelson, que havia inventado a rocambolesca história da princesa africana, julgou que era hora de finalmente revelar a verdade, mais de duas décadas depois de Monalisa ser tirada da guarda da mãe, Ana Reis. Nesse período, Ana se casou, teve três filhos e voltou para Ubá, mas nunca pôde se aproximar da filha, até porque Ana e Nelson não se falavam. Quando Nelson foi convidado para fazer um show em Juiz de Fora, a 85 quilômetros de Ubá, achou Ana e convenceu-a a rever Monalisa. A princípio, Monalisa recusou-se a encontrá-la. Não conhecia a mãe e achava que ela a havia abandonado para a adoção. Nelson contou a verdade: que Ana era empregada da família dos pais dele e uma mulher muito pobre, que não teria condições financeiras de criá-la. Relutante, Mona concordou em ir a Juiz de Fora, mas pediu à irmã, Veronica, que a acompanhasse.

Quando a campainha tocou no quarto do hotel, Mona implorou a Veronica que atendesse: "Pelo amor de Deus, Veca, abre a porta, eu não consigo". Ana Reis olhou para Veronica e disse: "Nossa, você é a cara da Marli!". Quando viu a filha, depois de mais de duas décadas, Ana a abraçou e caiu em prantos. Monalisa, que não tinha a menor intimidade com ela, ficou imóvel por um tempo, sem reação, mas se emocionou quando Ana a apresentou a Miguel, Dilson e Thiago, os meios-irmãos que ela não sabia que tinha. Daquele dia em diante, Monalisa e Ana ficaram muito próximas, se encontraram várias vezes, em Ubá e São Paulo, e buscaram manter a relação de afeto que a separação forçada havia impedido.

A conversão religiosa teria um impacto tremendo na carreira de Nelson Ned. Ele decidiu que só gravaria discos gospel e nunca mais lançou um disco secular (*El romántico de America*, o maravilhoso LP de boleros, seria seu último LP de canções românticas). Nelson assinou um contrato com a Line Records, selo ligado à Igreja Universal, e, no mesmo ano, 1993, lançou *Jesus está vivo*, álbum com doze temas religiosos, para o qual compôs quatro músicas, todas com "Jesus" no título: "Quando eu falo de Jesus", "Para ti, Senhor Jesus", "Jesus está vivo" e "Jesus é a saída". No ano seguinte, lançou o LP *Jesus te ama*, que trazia outros doze temas evangélicos, incluindo cinco composições próprias: "A luz no fim do túnel", "Conheço um Deus", "A vitória em Cristo Jesus", "Jesus é maravilhoso" e "Ninguém pode te amar como Jesus te ama".

Os discos evangélicos tiveram boas vendagens, mas os números não se comparavam aos dos LPs românticos de Nelson Ned. Fernando Vitale, da Irmãos Vitale, editora que representava Nelson desde a década de 1960, calcula que os discos religiosos do cantor vendiam entre 10% e 20% do volume de seus discos românticos. Os LPs religiosos de Nelson Ned tinham arranjos dos maestros que costumavam trabalhar com ele, como José Paulo Soares e Otávio Basso, e contavam, basicamente, com o time de músicos de primeira linha que tocava nos discos de Nelson desde os anos 1980, como o baixista Dárcio Ract, o baterista Albino Infantozzi e o pianista José Paulo Soares, o Ringo. Mas a produção era modesta, e Nelson tinha de bancar alguns custos do próprio bolso. Ringo lembra o amigo rezando na sala de controle do estúdio para que a fita de rolo não terminasse antes do fim da sessão de gravação. "Essa fita vai dar! O sangue de Jesus tem poder!", gritava Nelson, arrancando risadas dos músicos.

Outra mudança drástica — e, financeiramente, para pior — na carreira de Nelson Ned aconteceu em sua agenda de shows. Depois da conversão, ele passou a se apresentar em muitos cultos religiosos. Igrejas e templos anunciavam a presença dele nos cultos, mas não ficava claro se ele estaria lá como artista, fazendo um show completo e cumprindo uma obrigação profissional, ou como devoto, apenas participando da cerimônia. Os cachês oferecidos para apresentações em cultos eram muito menores do que os cachês de shows regulares. Além da concorrência das duplas sertanejas e da diminuição do interesse do público pela chamada música "brega", Genival Melo ainda tinha de lidar com a má vontade das boates, churrascarias e casas noturnas, que reclamavam de que as apresentações de Nelson em templos religiosos prejudicavam a venda de ingressos de shows regulares. Isso ocorreu não só no Brasil, mas em toda a América Latina e nos Estados Unidos. Pedro Michelena, que na década de 1990 ainda trabalhava para Nelson promovendo shows nas Américas Central e do Norte, implorou para que ele parasse de cantar em igrejas: "Você pode ter a religião que quiser, Nelson, mas sua carreira tem de ser secular. Não misture as coisas, ou vamos nos dar mal". Nelson não seguiu o conselho do amigo e continuou a gravar discos gospel e a se apresentar em cultos religiosos.

Em sua vida pessoal, Nelson Ned tomou outra decisão importante: ele e Cida precisavam se casar. Estavam juntos desde 1980, mas não podiam continuar vivendo em pecado. Cida sempre dizia ter o sonho de casar na igreja, de véu e grinalda, e Nelson achou que era hora de realizar o desejo dela. Assim, catorze anos depois de se conhecerem "na noite", Nelson Ned e Cida finalmente se casaram, numa cerimônia realizada numa igreja evangélica no bairro do Brooklin, em São Paulo. Nelson contratou um Rolls-Royce para levar Cida à igreja e depois transportar o casal para a festa na casa do Alto da Boa Vista, com a presença de familiares e pastores. Semanas depois, Nelson estava no aeroporto de Navegantes, em Florianópolis, quando encontrou o velho amigo Raimundo José, que voltava de um show. Raimundo não via Nelson havia alguns anos, desde que fora convidado para um jantar na casa da família e teve de sair às pressas depois que Nelson e Cida começaram a brigar aos murros. "Raimundo, fiquei muito triste porque você não foi no meu casamento", disse Nelson. "É porque agora sou evangélico? Você também deveria se converter, Raimundo, vai mudar a sua vida." Raimundo tentou desconversar, escondendo sua antipatia por Cida, mas Nelson insistiu tanto que Raimundo finalmente disse o que vinha guardando no peito fazia tanto tempo: "Nelson, sai pra lá, deixa de ser hipócrita, você trata todo mundo mal e agora se converte e fica dando uma de bonzinho?".

Na noite de 10 de novembro de 1995, Genival Melo tomou um banho, vestiu um pijama e foi dormir cedo. Precisava acordar às quatro da manhã para buscar Nelson na casa dele e, juntos, irem de avião ao Recife, de onde pegariam um carro até a cidade de Jaboatão dos Guararapes, onde Nelson cantaria na inauguração de uma rádio. Mas Genival nunca acordou. Sofreu um enfarte fulminante e morreu na cama. Quando Nelson recebeu a notícia, desabou no chão, aos prantos. Genival era seu segundo pai, o mentor de sua carreira, o homem que o acompanhava havia quase trinta anos e com quem Nelson compartilhara todos os seus triunfos. Nelson Ned nunca se recuperaria da partida do amigo.

10. "Meu seguro é Jesus"

*Nelson Ned em um de seus últimos shows:
na Virada Cultural, em São Paulo, em 2008.*

João de Castro Neto veio do Ceará para São Paulo em 1979, aos dezenove anos. Em 1992, depois de trabalhar por anos como motorista particular, foi chamado para uma entrevista de emprego em uma casa chique na Zona Sul de São Paulo. "Espera aí que o patrão já está acordando e vem falar com você", disse a empregada, Lucinda. João estranhou: já passava de três da tarde. Quem era aquele ricaço que dormia o dia todo? Meia hora depois, João ouve uma voz: "Você é o motorista que a agência mandou?". Ele levou um susto: já tinha visto aquele sujeito baixinho na televisão. "Você sabe quem eu sou?", perguntou Nelson. "Sim", disse João. "O senhor é aquele cantor que tá sempre no Chacrinha."

Assim começou a relação profissional de Nelson Ned e João, ou melhor, "Seu Johnny", como ele foi imediatamente batizado pelo patrão. A amizade nasceu e cresceu com o tempo. Durante quinze anos, Johnny dirigiu Nelson e Cida por São Paulo, levou Júnior, Monalisa e Veronica para a escola e depois para a faculdade, fez compras, buscou encomendas e viajou com Nelson para shows pelos quatro cantos do país. Johnny foi testemunha de um período difícil para Nelson e presenciou a decadência financeira, pessoal, familiar, mental e física do patrão.

Até a morte de Genival Melo, em 1995, Nelson ainda excursionava pelo Brasil acompanhado por um maestro e um ou dois músicos de apoio. Depois da partida do empresário, os shows rarearam, e os poucos que apareciam pagavam cachês muito baixos. Nelson passou a viajar apenas com Johnny, cobrindo longuíssimas distâncias de carro para economizar nos voos e cantando em cima de bases pré-gravadas, que ele mesmo levava em CDs. Nas viagens de carro, Nelson e Johnny conversavam muito. Nelson gostava de se sentar em cima de uma almofada alta no banco do passageiro e viajava com os dois pés em cima do painel do carro, posição que aliviava suas crônicas dores no quadril. Quando um carro os ultrapassava, Nelson dizia: "Ih, Johnny, você já foi melhor, hein? Vai deixar uma lata-velha dessas te passar?". Um dia, voando baixo a 180 por hora na rodovia Castello Branco, o carro foi parado por uma viatura da Polícia Rodoviária. O policial aproximou-se do carro e se assustou quando percebeu que havia alguém no banco do passageiro. "Puta que o pariu, é o Nelson Ned!" Em vez de multa, Nelson ganhou elogios: "Você é o cantor preferido do meu pai".

Na América Latina e nos Estados Unidos, Pedro Michelena ouvia sempre a mesma reclamação de promotores: "Por que eu vou pagar um cachê alto para o Nelson Ned se ele vai cantar de graça na missa aqui na cidade?". Numa igreja em Santo Domingo, na República Dominicana, o pastor disse que só poderia pagar o cachê no fim da apresentação, depois do recolhimento do dízimo. Michelena disse que, se não recebesse o cachê, Nelson não cantaria. "Se o Nelson Ned não entrar para cantar, eu falo para os fiéis que ele está cobrando", disse o pastor. Michelena respondeu: "Se você fizer isso com Nelson Ned, então ele vai entrar e vai falar de Deus, mas não vai cantar. Nelson Ned não está cobrando para falar de Deus, não está cobrando para falar a palavra do Senhor, ele está cobrando para cantar. Agora, se você quer que ele cante, você me paga, ou ele não vai cantar". Depois de levar vários canos de promotores, Michelena deu um ultimato a Nelson: ou ele voltava a apresentar o repertório romântico que o público adorava, ou teria de achar outro empresário. Como Nelson não deu sinais de que mudaria de rumo, Pedro Michelena largou Nelson Ned, depois de quase trinta anos de parceria.

Sem Genival e agora sem Michelena, Nelson Ned viu sua carreira entrar em queda livre. Promotores ainda o procuravam para shows, mas ele era um artista, não um empresário, e não sabia organizar turnês. Não foram poucas as vezes em que viajou de carro com Seu Johnny para cidades a centenas de quilômetros de São Paulo, só para chegar ao local e perceber que havia se metido numa fria, agendado para se apresentar em casas noturnas de baixa categoria, ou levando canos de promotores mal-intencionados.

A saúde e as dores de Nelson só pioravam. O casamento com Cida tampouco ajudava a harmonia familiar. Depois da conversão, Nelson diminuíra bastante o consumo de álcool e drogas, até parar com tudo por volta de 1999, mas Cida continuava a beber e cheirar. O casal brigava constantemente, e as discussões terminavam sempre com os dois chorando e prometendo uma trégua que não durava mais de poucas horas. Os amigos sumiram da casa do Alto da Boa Vista.

Para fugir do caos matrimonial, Nelson gostava de sair de carro com Seu Johnny por São Paulo. Passavam tardes dirigindo pela cidade e conversando. Um dos destinos prediletos de Nelson era o parque do Ibirapuera. Johnny estacionava o carro, ajudava Nelson a sentar na cadeira de rodas e conduzia o patrão em passeios em torno do lago e pelos caminhos sombreados por árvores. Nelson falava sobre Ubá, lembrava sua vida de menino na fazenda e os animais que adorava. Falava do burrico Predileto e das brincadeiras que fazia com as irmãs, correndo atrás delas pela fazenda, tomando banho de rio e comendo mangas e goiabas. Durante um desses passeios, Nelson percebeu que Johnny parecia triste. "O que você tem, Seu Johnny?" O motorista desconversou, mas acabou revelando que estava muito preocupado porque a esposa, Rosemary, havia feito exames e constatado a presença de nódulos na mama e no pescoço. Johnny não tinha plano de saúde e tampouco condições financeiras para custear a operação da esposa. "Não se preocupe", disse Nelson. "Eu pago o que ela precisar. Só me arruma uma nota fiscal para eu abater alguma coisa do Imposto de Renda."

Com a diminuição brusca no número de shows e na vendagem de discos, Nelson Ned passou a ter um problema que não experimentava desde o estouro de "Tudo passará", em 1969: falta de grana. Ele nunca se preocupara em poupar, comprar ações ou fazer qualquer tipo de investimento a longo prazo. Sempre viveu para o presente e gastou fortunas em carros de luxo, restaurantes caros e champanhe francês. Os custos da casa do Alto da Boa Vista, com seus oito funcionários, agora comiam grande parte de sua renda. Mesmo assim, ele não economizava para agradar aos filhos: Júnior estudou bateria na École de Jazz et de Musique Actuelle, em Lausanne, na Suíça, e depois fez uma graduação em música cubana e percussão caribenha com o conhecido baterista cubano Juan Carlos Abreu, além de gravar vários discos com o pai e tocar com ele na Europa e nos Estados Unidos. Veronica começou o curso de comunicação social numa faculdade particular, mas logo decidiu que queria mesmo era ser atriz e passou a se dedicar integralmente ao teatro. E quando Monalisa começou a faculdade particular de fonoaudiologia, Nelson alugou um telefone celular — luxo raro em meados dos anos 1990 — para que ele pudesse achá-la a qualquer hora. Um dia, Mona estava atravessando a rua com algumas amigas, quando o telefone tocou. Era Nelson. As amigas ouviram a conversa:

"Mona, minha filha?", disse Nelson.

"O que foi, pai?"

"Nada não, só liguei pra dizer que te amo muito!"

"Tá bom, pai, eu também."

Uma das amigas de Monalisa ficou comovida com o gesto: "Mona, meu pai nunca me ligou pra dizer que me amava. Você devia valorizar isso".

Em fevereiro de 1998, menos de três anos depois de perder Genival Melo, Nelson Ned levou um novo golpe do destino quando o pai, Nelson, morreu de falência múltipla dos órgãos, aos oitenta anos. Um ano depois, a mãe, Ned, sofreu um enfarte e morreu, aos setenta anos.

Nelson ainda tinha muitos fãs no exterior e, de vez em quan-

Nelson com os pais, Nelson e Ned.

do, viajava para shows na América Latina e nos Estados Unidos, mas em clubes e teatros muito mais modestos dos quais costumava se apresentar nos anos 1970 e 1980. Seu esquema de contratos e recebimento de cachês acompanhou a decadência dos locais de suas apresentações: quando as filhas Monalisa e Veronica estavam em Nova York com uma amiga para ver um concerto do ídolo Luis Miguel, Nelson telefonou do Brasil e avisou que um contratante mandaria alguém ao hotel levar o adiantamento combinado para uma pequena turnê. No dia marcado, apareceu uma mulher oriental, com um bebê no colo e carregando três sacos de lixo com notas de dólar. A mulher não disse nada, simplesmente entregou os sacos e sumiu.

"O dinheiro chegou aí?", perguntou Nelson, ligando do Brasil.

"Tá aqui, pai!", disse Veronica.

"Glória a Deus! Agora comprem uma mala e tragam o dinheiro pra cá!"

"Mas, pai, como nós vamos passar pela alfândega com essa mala de dinheiro?"

"Põe a mala numa cadeira de rodas, senta em cima da mala e tua irmã te empurra na cadeira. Quando chegar na revista, você faz uma cara de monga, e ninguém vai parar vocês."

"Como é que você sabe que não vai dar problema?"

"Minha filha, quantas vezes você acha que eu fiz isso? Ninguém vai parar você, ainda mais numa cadeira de rodas. Garanto!"

E não pararam mesmo.

Na virada dos anos 1990 para os 2000, a carreira de Nelson Ned praticamente acabou. Ele ainda lançaria três discos gospel, *Jesus está voltando*, *Nelson Ned compõe e canta para Jesus* e *Louvor e adoração*, mas nenhum teve repercussão, nem mesmo no segmento evangélico. Na contracapa de um deles, havia a informação de contato para shows: "Ministério de Louvor Jesus Está Vivo".

As crescentes dificuldades financeiras tornavam o clima com Cida ainda pior. Acostumada a uma vida de luxo, ela parecia viver num mundo de ilusão, em que o marido ganhava em dólar e ainda fazia temporadas de meses nos melhores hotéis e cassinos de Miami ou Acapulco. Júnior, o primogênito, considerava Cida uma oportunista e nunca perdoou o pai por tê-la trazido para dentro da casa da família. Numa entrevista ao programa de TV *Provocações*, então apresentado por Antônio Abujamra, Júnior disse que Nelson não o ajudava: "Ele quer que eu passe fome". Na entrevista, definiu sua vida como "Um mundo de enfrentamento constante, desde a hora que eu abro a porta da garagem da minha casa, e a vizinha ri da minha cara, uma senhora de oitenta anos, e ela aponta pro netinho de cinco anos: 'Olha o anãozinho!'". Júnior parecia duvidar da sinceridade da conversão religiosa do pai.

Quando Abujamra perguntou se Nelson havia se convertido, o filho respondeu: "Diz ele que sim".

Numa madrugada, Monalisa e Veronica, que haviam voltado a morar com o pai e ainda dividiam o mesmo quarto, foram acordadas por Cida: "Pelo amor de Deus, aconteceu algo com o Nelson!". Monalisa entrou na suíte do casal e viu o pai caído ao lado da cama, sem conseguir levantar. "Pai, o que tá acontecendo?" Nelson estava acordado, mas não respondia. As filhas tentaram levantá-lo, mas o corpo dele estava paralisado. Nelson Ned havia sofrido um AVC. O cantor ficou três semanas na UTI do Hospital Albert Einstein e depois foi liberado para a unidade semi-intensiva. O derrame havia paralisado o lado esquerdo de seu corpo e prejudicado sua fala. Depois que Nelson recebeu alta do hospital, a família precisou contratar enfermeiras para cuidar dele em casa.

O tratamento médico drenou as finanças de Nelson Ned. Ele pagava plano de saúde para toda a família, mas ele próprio não tinha uma apólice. "Meu seguro é Jesus", costumava dizer. O cofre na suíte do casal, antes cheio de dólares, foi esvaziado para pagar enfermeiras e remédios. Sem shows e sem discos, a única fonte de renda de Nelson Ned passou a ser o cheque de royalties que ganhava por seus antigos sucessos. O dinheiro já não era suficiente para custear o seguro de saúde dos filhos, que, portadores da mesma condição do pai, tinham problemas ortopédicos e precisavam de cuidados recorrentes. Veronica ganhou um papel num espetáculo da trupe teatral Parlapatões e viajou por todo o Brasil por dois anos, antes de conseguir emprego numa firma de entregas. Monalisa arrumou emprego de telefonista: "Eu fui para o mundo adulto aos 32 anos, depois que meu pai teve o AVC", diz Monalisa. "A gente meio que morava na bolha Ned, porque ele pagava tudo. Até os 32 anos, ele ainda me dava uma mesada, pagava a minha gasolina, toda a manutenção do meu carro, seguro e o meu cartão de crédito. Depois do AVC dele foi que eu descobri o lado amargo da vida." As filhas de Nelson Ned saíram novamente da casa do Alto da Boa Vista e moraram por um tempo com uma amiga, antes de se mudarem para a casa da tia Neuma.

Alguns amigos tentaram ajudar Nelson financeiramente. À época, Agnaldo Timóteo era vereador em São Paulo e havia empregado em seu gabinete o velho amigo mineiro Raimundo José. De vez em quando, Timóteo mandava Raimundo à casa de Nelson levando algum dinheiro: "Só não dá isso na mão da Cida, pelo amor de Deus". Um dia, Raimundo confessou a Timóteo que não perdoara Nelson por algumas cenas de violência e grosseria que havia presenciado. Timóteo respondeu: "Raimundo, esquece isso. Ponha-se no lugar do Nelson. Imagina como é acordar todo dia e ter os problemas dele. Não deve ser fácil ser Nelson Ned".

Pouco a pouco, Nelson recuperou boa parte dos movimentos do lado esquerdo do corpo, mas ficou com sequelas. Já não conseguia caminhar sem ajuda e passou a usar a cadeira de rodas em casa. Sua voz ficou mais aguda e fraca. Sem condições financeiras de manter o estafe da casa do Alto da Boa Vista, dispensou todos os funcionários, menos o motorista, Johnny. Pouco depois, foi obrigado a abrir mão das enfermeiras. Cida passou a ajudá-lo a levantar da cama, tomar banho e sentar na cadeira de rodas. De vez em quando, Nelson pedia ajuda a Johnny para colocá-lo na banheira e poder tomar banho. Em dias de sol, Johnny ajudava o patrão a entrar na piscina. Nelson, ótimo nadador, dava suas braçadas e relaxava, sob os olhares atentos do motorista.

Numa manhã de 2007, Johnny chegou para trabalhar e encontrou Nelson sentado na cadeira de rodas, no jardim. Nelson aparentava muita tristeza.

"Bom dia, seu Nelson."

"Seu Johnny, bom dia. Tenho que falar com o senhor, é uma coisa muito chata…"

"Já sei, seu Nelson, o senhor vai me dispensar."

Nelson começou a chorar: "Ah, Seu Johnny, por favor, me perdoa…".

"Não tem problema, não, seu Nelson. Eu agradeço tudo que o senhor fez por mim."

"Eu não tenho como pagar nenhuma indenização pro senhor…"

"Não precisa, seu Nelson. O senhor foi um bom amigo, ajudou minha esposa quando ela precisou, eu nunca vou esquecer isso."

João de Castro Neto abraçou Nelson Ned e foi embora. Nunca mais se viram.

Em abril de 2008, a Virada Cultural, um evento gratuito de shows por toda a cidade de São Paulo, convidou Nelson Ned para se apresentar no largo do Arouche, numa programação que incluía outros veteranos da música brasileira, como Roberto Luna, Lafayette, Evaldo Gouveia e Miele. Nelson abriria o palco. Antes do show, o cantor estava nos bastidores, em uma cadeira de rodas, quando viu Raimundo José se aproximando. "Meu amigo, que saudades", disse Nelson. "Meu querido Nelsinho, vim te dar um abraço." Amigos há mais de quatro décadas, desde aquela tarde na Rádio Inconfidência, em Belo Horizonte, os dois se abraçaram e choraram juntos. Da lateral do palco, Raimundo José viu Nelson Ned dando seu show, sentado numa cadeira e fazendo um esforço sobre-humano para conseguir cantar seus maiores sucessos. Lágrimas escorriam do rosto de Raimundo José.

11. Tudo passará

Nem os boleros mais tristes seriam capazes de descrever o fim da vida de Nelson Ned. Toda vez que visitavam a casa do Alto da Boa Vista, familiares se apavoravam com os machucados e arranhões que viam espalhados pelo corpo de Nelson. As irmãs e o irmão diziam que Cida o estava agredindo. Amigos de décadas, como Moacyr Franco, Raymundo Vigna e Raimundo José, iam visitá-lo e saíam de lá arrasados.

Um dia, Neuma disse que iria levar o irmão para um passeio. Foi de carro à casa dele, buscou Nelson e nunca mais o levou de volta. Cida ficou desesperada. Sem conseguir contato com as irmãs e os filhos de Nelson, a esposa procurou programas de TV e contou uma história dramática, acusando a família de sequestro. Nelson e Cida nunca mais se veriam.

Nelson passou três anos num rodízio entre as casas das irmãs Ned, Neuma e Neyde, e depois foi internado, às custas das irmãs, em clínicas de repouso em São Roque e, posteriormente, em Cotia. As filhas iam visitá-lo e percebiam a gradual diminuição das capacidades cognitivas do pai. Nelson começou a misturar idiomas: apresentava Veronica às enfermeiras como "minha 'pirinola'", palavra que, no México, significa criança pequena. Quando Monalisa o presenteou com um par de chinelos, agradeceu pelas "chancletas". No meio de papos com as filhas, dizia: "Você sabe que eu sou famoso pra caramba, né?", antes de contar a história de sua vida. Nos raros momentos de lucidez, dava amostras do bom humor de outrora: "Veronica, pelo amor de Deus, me tira desse lugar, isso aqui é um inferno, não tem uma enfermeira bonita!".

Em 2012, Júnior mudou-se para o México e rompeu contato com a família. Cida, sem o dinheiro de Nelson, passou a viver de doações da família e amigos. Ela sublocou quartos da casa do Alto da Boa Vista, que foi tomada por usuários de drogas. Em 2012, um incêndio destruiu quase toda a propriedade. Em entrevistas a programas de TV, Cida mostrou os aposentos carbonizados, as paredes pretas e os Discos de Ouro de Nelson Ned reduzidos a cinzas. Disse que o incêndio fora causado por um curto-circuito num aquecedor e acusou a família de Nelson de afastá-la do grande amor de sua vida (Cida morreria em 2018, de um edema pulmonar. A família descobriu, no celular dela, dezenas de trocas de mensagens com fornecedores de crack e cocaína, combinando entregas e cobrando Cida por pagamentos não realizados).

Em janeiro de 2014, Veronica foi visitar o pai na clínica. Quando chegou, as enfermeiras estavam tentando acordar Nelson, que havia sofrido um desmaio. Ele estava com pneumonia havia alguns dias e tinha dificuldades para respirar. Uma ambulância chegou para levá-lo a um hospital público de Cotia. Veronica entrou na ambulância e acompanhou o pai até o hospital. Pegou na mão dele e disse: "Pai, pelo amor de Jesus, não morre agora!". Quando chegaram ao hospital, Nelson foi levado para a Emergência. Poucos minutos depois, o motorista da ambulância entregou algo para Veronica. Era a aliança de Nelson Ned. O cantor morreu na manhã de 5 de janeiro de 2014. Tinha 66 anos.

Pouco mais de um ano antes de sua morte, Nelson deu uma entrevista ao autor deste livro. Seria seu último depoimento. Perguntado como desejava ser lembrado, Nelson Ned respondeu: "Quero que as pessoas se lembrem de mim como um homem romântico, que amou muito e viveu intensamente".

Discografia selecionada e comentada

Listar todos os discos de Nelson Ned é uma tarefa praticamente impossível, devido ao imenso número de diferentes versões lançadas em diferentes países. Há álbuns de Nelson que têm mais de uma dúzia de versões internacionais. Assim, decidi listar os mais importantes e significativos.

Em ordem cronológica:

Um show de noventa centímetros (1964)

LP de estreia, foi gravado quando Nelson tinha apenas dezessete anos. No álbum, interpreta doze canções de autores como Sergio Malta ("Poema em negro"), Servulo Odilon e Wilton Franco ("Um sol pra nós dois") e José Fabiano ("Coisas do passado"), além de músicas tradicionais do repertório do cantor, como "Eu sonhei que tu estavas tão linda", "Prelúdio à volta" e "Cantiga de ninar saudade".

Tudo passará (1969)

Primeiro LP em que Nelson interpreta canções próprias. É um clássico de seu repertório e foi o primeiro álbum em que abordou a questão do nanismo. Entre as canções mais famosas estão "Tudo passará", "Tamanho não é documento", "Domingo à tarde", "Hoje não volto mais pra Casa" e "Camarim".

Eu também sou sentimental (1970)

Terceiro LP de Nelson, trouxe hits como "Os bairros pobres da cidade", "O vento levou", "Se eu pudesse conversar com Deus" e a faixa-título, além do clássico "A cigana".

Nelson Ned (1970)

Nelson estava numa sequência impressionante de sucessos. Seu quarto LP (o terceiro em dezoito meses) trouxe imensos hits de rádio, como "Cada um de nós sabe de si", "Quando eu estiver chorando" e o clássico "Se as flores pudessem falar".

Canción popular (1970)

Primeiro LP de Nelson em espanhol e o disco que lhe abriu as portas da América Latina. O álbum começa com "Canción popular", a música que Nelson defendeu no festival em Nova York em 1970 e trazia canções que se tornariam sucessos de seus shows por décadas, como "Todo pasará", "El silencio de tu quarto", "La gitana", "Sera sera" e "Yo necesito conversar con Dios".

Si las flores pudieran hablar (1971)

Segundo LP em espanhol, trouxe hits como "La Biblia", "El tiempo borró", "Dejenme si estoy chorando" e a faixa-título.

Nelson Ned (1972)

Lançado simultaneamente no Brasil, em Portugal e nas colônias portuguesas de Angola e Moçambique, este quinto álbum (o quarto de canções próprias) fez imenso sucesso com "Dá-me, dá-me, dá-me", "As velhas árvores da praça", "Minha vida daria um livro" e "A Bíblia".

Nelson Ned — Vol. 3 (1973)

Inexplicavelmente batizado de "Volume 3", foi o sexto LP de Nelson lançado no Brasil e trouxe sucessos como "Eu tenho pena de nós dois", "Não pise em cima de mim", "Deus abençoe as crianças" e, especialmente, "Ninguém irá te amar mais do que eu".

Aos românticos do mundo (1974)

Um dos melhores LPs de Nelson. Sozinho, ele assina nove das dez faixas, que incluem sucessos como "Pecador", "Faça de conta que você gosta de mim", faixa-título, e a linda "Quem é você".

Nelson Ned en acción (1974)

Imenso sucesso em toda a América Latina, abre com o megahit "Happy Birthday, My Darling", de Claudio Fontana, e traz na contracapa fotos impressionantes de shows para multidões na Colômbia, Porto Rico e Brasil.

Meu ciúme (1975)

Lançado no Brasil, traz o sucesso "Happy Birthday, My Darling", do amigo Claudio Fontana, e um repertório que mistura canções em português e espanhol.

Nelson Ned/ Por la puerta grande (1976)

Gravado na Espanha e com arranjos divididos entre vários arranjadores latinos, é exemplo da internacionalização da carreira de Nelson. Lançado em versão brasileira como *Nelson Ned*, saiu na América Latina com o título de *Por la puerta grande*.

O poder da fé (1976)
Primeiro disco religioso da carreira.

El romantico de America (1977)

Imenso sucesso no México, onde foi Disco de Ouro, trouxe hits como "Los barrios pobres de la ciudad", "Dios guarde siempre a los niños", "Que Dios bendiga nuestro amor" e "Separados", esta composta por Claudio Fontana.

Nelson Ned (1978)

Grande sucesso no Brasil com "Eu queria ser um rouxinol", "A canção que dedico a você" e "Quase quebrei o meu rádio", foi lançado em espanhol em toda a América Latina com o título de *Voz y corazón*.

Meu jeito de amar/ Mi manera de amar (1979)

No fim dos anos 1970, discos de Nelson saíam quase que simultaneamente no Brasil, em português, e na América Latina, com versões em espanhol. Esse LP trouxe sucessos como "Não tenho culpa de ser triste", "Castigo", "Obrigado ao homem do campo" (da dupla Don e Ravel) e a faixa-título.

Primavera de una vida (1980)

Estreia de Nelson como artista exclusivo da poderosa gravadora Gamma, foi gravado em Madri com arranjos e produção do famoso Rafael Trabuchelli, um italiano que se tornou um dos nomes mais importantes da indústria do disco na Espanha.

Perdidamente apaixonado/ Perdidamente enamorado (1981)

Gravado nos famosos estúdios Criteria, em Miami, lançado simultaneamente no Brasil e em toda a América Latina.

Caprichoso/ Romántico y caprichoso (1983)

Um dos discos mais populares de Nelson no Brasil na década de 1980, especialmente devido ao sucesso da faixa-título, foi lançado ao mesmo tempo em espanhol, em toda a América Latina.

Ao meu novo amor/ A mi nuevo amor (1985)

Gravado nos estúdios Transamérica, em São Paulo, ganhou versão em espanhol.

O grande Nelson Ned/ El gran Nelson Ned (1986)

Em comemoração aos quarenta anos de casamento dos pais, Nelson e Ned, foi lançado simultaneamente no Brasil e na América Latina.

Passei da conta/ Me pasé de la cuenta (1987)

Gravado em Miami e São Paulo, tem apenas uma das faixas assinadas por Nelson, justamente a faixa-título, testemunho de sua fase de loucuras e excessos.

O poder da fé — Vol. 2 (1990)

Continuação do disco religioso de 1976, mas sem o mesmo sucesso comercial.

El romántico de America (1993)

Estupendo disco de boleros, inteiramente gravado no Brasil com músicos e arranjadores brasileiros. Último disco secular de Nelson e uma de suas obras-primas.

Agradecimentos

Este livro é dedicado a Monalisa e Veronica. Muito obrigado por todo o carinho e empenho. Espero que o texto faça jus à importância do pai de vocês.

Um agradecimento especial à família de Nelson Ned: às irmãs Ned Helena, Neyde, Nelci, Nélia e Neuma, ao irmão, Nedson, e ao primo José Carlos Collares. A colaboração de vocês foi essencial para o meu trabalho. Se todos os biografados tivessem parentes tão dedicados e gentis, o Brasil teria muito mais livros sobre nossas grandes personalidades.

Agradeço imensamente a amigos e parceiros de Nelson Ned que dividiram histórias e lembranças: Raymundo Vigna, Raimundo José, Pedro Michelena, José Carlos "Ringo" Mendes, Claudio Fontana, Aluízio Pontes, José Paulo Soares e Moacyr Franco. Uma menção especial a Osni Cassab, que faleceu poucos meses depois de nossa entrevista.

Obrigado a Paulo Cesar de Araújo, grande historiador de nossa música, pela gentil cessão da gravação de uma das melhores entrevistas com Nelson Ned. Agradeço também aos jornalistas que me auxiliaram com pesquisas e entrevistas em outros países: María Carolina Ocque (Venezuela), Brenda Rios (México), Diana Gomez (Argentina) e Santiago Cembrano (Colômbia).

Muito obrigado aos outros entrevistados (em ordem alfabética):

Albino Infantozzi
Celia e Celma
Djalma Lúcio
Dudu França
Erika (assessora de Genival Melo)
Fernando Vitale
George Freedman
João de Castro Neto (Sr. Johnny)
João Ricardo Cassemiro
Dr. João Thomazelli
Dr. Juan Llerena
Julio Cesar Dominique Delgado (Chochi)
Juvenal de Oliveira
Lucinda Ramos de Lima
Marli de Oliveira
Prof. Marquinhos (Colégio Objetivo)
Nilda Aparecida
Sylvinho Blau Blau
Terezinha das Dores
Dr. Wagner Baratela
Walter Wanderley

Por fim, um imenso agradecimento a Henrique Crespo e Lucas Vicentin, que me ajudaram com a pesquisa sobre a vida de Nelson Ned, e à equipe da Companhia das Letras que trabalhou neste livro: Alceu Nunes, Ariadne Martins, Beatriz Antunes, Camila Berto, Cê Oliveira, Celso Koyama, Erica Fujito, Gislene Barreto, Marina Saraiva, Otavio Marques da Costa e Tomoe Moroizumi. Obrigado também a Angela das Neves, Érico Melo, Estúdio O.L.M./ Flavio Peralta, Richard Sanches e Valquíria Della Pozza.

Referências bibliográficas

ALEXANDRE, Ricardo. *Dias de luta: O rock e o Brasil dos anos 80*. Porto Alegre: Arquipélago, 2002.

ALVES, Zuleika Maria. *Do casamento ao divórcio: A procura da verdade*. São Vicente: Scala, 1997.

ARAÚJO, Paulo Cesar de. *Eu não sou cachorro, não: Música popular cafona e ditadura militar*. Rio de Janeiro: Record, 2005.

_____. *Roberto Carlos outra vez — 1941-1970*. Rio de Janeiro: Record, 2021.

BAHIANA, Ana Maria. *Nada será como antes*. Rio de Janeiro: Civilização Brasileira, 1980.

BARCINSKI, André. *Pavões misteriosos: A explosão da música pop no Brasil — 1974-1983*. São Paulo: Três Estrelas, 2014.

BOWDEN, Mark. *Killing Pablo*. Nova York: Penguin, 2001.

CAMPOS, Fernando Carneiro de. *Hits Brasil: Sucessos estrangeiros made in Brazil*. Clube de Autores, 2012.

CASTRO, Ruy. *Ela é carioca: Uma enciclopédia de Ipanema*. São Paulo: Companhia das Letras, 1999.

DAPIEVE, Arthur. *BRock: O rock brasileiro dos anos 80*. São Paulo: Editora 34, 1995.

DIDION, Joan. *O álbum branco*. São Paulo: Harper Collins, 2021.

GOMES, Tom. *Banda de milhões*. São Paulo: Nova Leitura, 2011.

GONZALES, José. *Lo negro del Negro Durazo*. México: Posada, 1983.

HENFIL. *Diário de um cucaracha*. Rio de Janeiro: Record, 1983.

MAZZOLA, Marco. *Ouvindo estrelas*. São Paulo: Planeta, 2007.

MIDANI, André. *Música, ídolos e poder: Do vinil ao download*. Rio de Janeiro: Nova Fronteira, 2008.

MONTEIRO, Denilson. *Dez! Nota dez! Eu sou Carlos Imperial*. São Paulo: Matrix, 2008.

MONTEIRO, Denilson; NASSIFE, Eduardo. *Chacrinha: a biografia*. Rio de Janeiro: Casa da Palavra, 2014.

MOTTA, Nelson. *Noites tropicais*. Rio de Janeiro: Objetiva, 2000.

NED, Nelson; COSTA, Jefferson Magno. *Nelson Ned: O pequeno gigante da canção*. São Paulo: Editora Vida, 1996.

NOVAES, Adauto (Org.). *Anos 70: Ainda sob a tempestade*. Rio de Janeiro: Aeroplano/Senac, 2005.

STREATFIELD, Dominic. *Cocaine: An Unauthorized Biography*. Nova York: Picador, 2001.

VICENTE, Eduardo. *Música e disco no Brasil: A trajetória da indústria nas décadas de 80 e 90*. São Paulo: ECA/ USP, 2002. Tese (Doutorado em Comunicações).

Créditos das imagens

Todos os esforços foram feitos para reconhecer os direitos autorais das imagens. A editora agradece qualquer informação relativa à autoria, titularidade e/ou outros dados, se comprometendo a incluí-los em edições futuras.

pp. 17, 22-3, 35, 39, 62, 78, 80, 82, 96, 101, 105, 108, 113, 115 (acima), 116, 117 (acima), 123, 136, 140-1, 146, 163, 168, 170, 172, 176, 184, 186, 190, 193, 196, 198 e 212: acervo pessoal de Monalisa Ned

p. 19: Celidonio Mazzei

p. 27: Carlos Fabiano/ Acervo Museu da Imagem e do Som de Belo Horizonte/ Fundação Municipal de Cultura

pp. 43, 89, 115 (abaixo) e 178: DR

pp. 85, 103, 131, 134, 144 e 219: acervo pessoal de Marli de Oliveira

pp. 117 (abaixo), 126, 150, 152 e 154: acervo pessoal de Raymundo Vigna

pp. 157-8: acervo pessoal de Julio Cesar Dominique Delgado

p. 164: Paulo Salomão/ Abril Comunicações S.A.

p. 207: Marcos Hermes

Índice remissivo

Números de página em *itálico* indicam legendas de imagens.

do por Genival Melo, 48; contrato com a Hispavox/Gamma, 162; conversão evangélica, 202, 204; críticas após o sucesso, 91; decadência da carreira, 197, 209; decadência vocal, 200; decepções amorosas, 32; deixa de se apresentar no Brasil, 195; descoberto na América Central, 97; descolamento de retina e cirurgia, 143; diagnóstico de nanismo, 15-6; dificuldades financeiras no fim da carreira, 210, 213-4; Disco de Ouro da United Artists Latino, 129; dispensa Seu Johnny (motorista), 216; elogios no *Diário de Pernambuco*, 113; emoção na chegada a Luanda, 98; emprego na Lacta, 28; encontro com Genival Melo, 46; encontro com Nelson Rockefeller, 95; encontro com Silvio Santos em Nova York, 95; especiais para TVs latino-americanas, 177; esquema para entrada com dólares no Brasil, 212; estreia como compositor, 47; estreia na TV, 28; expulsa os pais de casa, 201; fama de atleta sexual, 85; Globo Repórter sobre, 179; gravações de discos evangélicos, 204-5; imitador, como, 19; infância, *13*, 14-26, *17*, *19*, *22-3*; infidelidade de, 141-2, 149; influenciado por Roberto Carlos, 134; lançamento de coletânea (série "Colagem"), 121; má vontade da mídia com, 192, 196; mansão no Alto da Boa Vista (São Paulo), 108, 153, 158, 164, 171, 179, 188-9, 206, 211, 215,

217; incêndio na, 218; Maria Bethânia, sobre, 165; matéria no *Clarín*, 65; mistura de remédios, 177; morte de Genival Melo, e a, 206; mudança para Belo Horizonte, 25; mudança para o Rio de Janeiro, 34; mudança para São Paulo, 48; mulherengo obsessivo, 175; músicos de apoio para excursões, 109; nascimento da filha Veronica, 108; nascimento do filho Júnior, 102, *103*; noitadas milionárias em São Paulo, 188; Nova York, em, 95; ostentação de, 163, *164*, 188; pai, como, 103, *108*, 132-3, 171, 173-4, 182-4; paixão pela chacrete Malu, 159; participação em festival em Buenos Aires, 63-4; polêmica com Ronaldo Bôscoli, 80-1, 92, 136; posições políticas de, 165-6; premiado internacionalmente, *136*; primeira apresentação no exterior, 54; primeira gravação, 41; primeiros passos na carreira, 30; prisão de Genival Melo na República Dominicana, 186-7; prisão por engano em Caracas, 110; problemas de visão, 16, 140, 201; profusão de discos lançados no mundo, 160; recusa convite para cantar em Cuba, 138; relacionamento tempestuoso com Cida, 171, 182-3, 187-9; "Revelação de Cantor Popular" (1964), como, 44; roubo da canção "Tudo passará", 64, 66-7, 70; sedução usando as abotoaduras, 141; sexualidade, sobre a, 166; shows exclusivos para idosos doentes,

1ª EDIÇÃO [2023] 1 reimpressão

ESTA OBRA FOI COMPOSTA PELO ESTÚDIO O.L.M. / FLAVIO PERALTA
EM MINION E IMPRESSA EM OFSETE PELA GRÁFICA PAYM SOBRE PAPEL PÓLEN
DA SUZANO S.A. PARA A EDITORA SCHWARCZ EM NOVEMBRO DE 2024